Annalies Gartz

Kulturelle Bedingungen wissensbasierter Kollaborationen

Eine Analyse der Erfolgsfaktoren
bei der Zusammenarbeit im Internet

Diplomica Verlag GmbH

Gartz, Annalies: Kulturelle Bedingungen wissensbasierter Kollaborationen: Eine Analyse der Erfolgsfaktoren bei der Zusammenarbeit im Internet.
Hamburg, Diplomica Verlag GmbH 2013

Buch-ISBN: 978-3-8428-9247-7
PDF-eBook-ISBN: 978-3-8428-4247-2
Druck/Herstellung: Diplomica® Verlag GmbH, Hamburg, 2013

Bibliografische Information der Deutschen Nationalbibliothek:
Die Deutsche Nationalbibliothek verzeichnet diese Publikation in der Deutschen Nationalbibliografie; detaillierte bibliografische Daten sind im Internet über http://dnb.d-nb.de abrufbar.

Das Werk einschließlich aller seiner Teile ist urheberrechtlich geschützt. Jede Verwertung außerhalb der Grenzen des Urheberrechtsgesetzes ist ohne Zustimmung des Verlages unzulässig und strafbar. Dies gilt insbesondere für Vervielfältigungen, Übersetzungen, Mikroverfilmungen und die Einspeicherung und Bearbeitung in elektronischen Systemen.

Die Wiedergabe von Gebrauchsnamen, Handelsnamen, Warenbezeichnungen usw. in diesem Werk berechtigt auch ohne besondere Kennzeichnung nicht zu der Annahme, dass solche Namen im Sinne der Warenzeichen- und Markenschutz-Gesetzgebung als frei zu betrachten wären und daher von jedermann benutzt werden dürften.

Die Informationen in diesem Werk wurden mit Sorgfalt erarbeitet. Dennoch können Fehler nicht vollständig ausgeschlossen werden und die Diplomica Verlag GmbH, die Autoren oder Übersetzer übernehmen keine juristische Verantwortung oder irgendeine Haftung für evtl. verbliebene fehlerhafte Angaben und deren Folgen.

Alle Rechte vorbehalten

© Diplomica Verlag GmbH
Hermannstal 119k, 22119 Hamburg
http://www.diplomica-verlag.de, Hamburg 2013
Printed in Germany

Inhaltsverzeichnis

Abbildungsverzeichnis... IV

Tabellenverzeichnis... VI

1. Technologie als Treiber für ein verändertes Arbeitswesen............ 1

2. Grundlagen.. 4

2.1 Kollektive Intelligenz.. 4

2.2 Wissensbasierte Kollaboration... 6

2.3 Erkenntnisprozesse in Industrie und Wissenschaft................... 9

3. Kulturelle Bedingungen... 13

3.1 Zur Vorgeschichte des Kulturbegriffs in Organisationen............ 13

3.2 Merkmale einer kollaborativen Kultur im 21. Jahrhundert........ 18

4. Wissensbasierte Kollaborationen in Industrie und Wissenschaft.... 25

4.1 *Web 2.0*-Einsatz in Industrie und Wissenschaft...................... 25

4.2 Öffentliche Initiativen.. 27

4.2.1 *Crowdsourcing* in der Industrie... 28

4.2.2 *Crowdsourcing* in der Wissenschaft..................................... 30

4.2.3 Bewertung hinsichtlich kollaborativer Kulturfaktoren.............. 31

4.3 Initiativen innerhalb einer Gemeinschaft................................ 37

4.3.1 Kollaborative Wissensgenerierung im Unternehmen............... 37

4.3.2 Kollaborative Wissensgenerierung unter Wissenschaftlern...... 40

4.3.3 Bewertung hinsichtlich kollaborativer Kulturfaktoren.............. 41

4.4 Zwischenfazit.. 47

5. Lösungsansatz für die Integration kultureller Faktoren innerhalb wissensbasierter Kollaborationen 50

5.1 Methodische Vorüberlegungen 50

5.2 Praxisorientierte Konzeption einer Online-Plattform 53

6. Abschließende Bemerkung zum weiteren Forschungsbedarf 60

Literatur 64

Abbildungsverzeichnis

Abbildung 1:	Phasen eines Innovationsprozesses	11
Abbildung 2:	Einbettung von Kultur	14
Abbildung 3:	Offener Umgang mit Wissen als Voraussetzung	19
Abbildung 4:	Basisfaktoren einer kollaborativen Kultur	20
Abbildung 5:	Phasen und Ziele der kollaborativen Wissensgenerierung	21
Abbildung 6:	Zyklus des Forschungsarbeitsprozesses	27
Abbildung 7:	Crowdsourcing-Plattform *My Starbucks Idea*	29
Abbildung 8:	Die Online-Plattform *Zooniverse* als Heimat großer *Citizen Science*-Projekte	32
Abbildung 9:	Klassifizierung neuer Schallsignale in Echtzeit	33
Abbildung 10:	Diskussionsangebot und Weiterleitung zur Community	34
Abbildung 11:	Nutzer-Rückfrage aufgrund von Verständnisproblemen	35
Abbildung 12:	*Badges* als Belohnung für erfolgreiche Klassifizierungen	36
Abbildung 13:	„XofDyer" als Autor der meisten Beiträge	43
Abbildung 14:	Ansicht eines *Sci-Mate-Wikis*	44
Abbildung 15:	Nachweis der mangelhaften Nutzerbeteiligung	45
Abbildung 16:	Der *Sci-Mate*-Sprachstil	46

Tabellenverzeichnis

Tabelle 1:	Sechs Kulturebenen in Anlehnung an Hofstede	15
Tabelle 2:	Unterschiedliche Einflussfaktoren der Arbeitskultur	16
Tabelle 3:	Teilbedingungen einer kollaborativen Kultur	24

1. Technologie als Treiber für ein verändertes Arbeitswesen

Im Zuge des Wandels von der Industrie- zur „Wissensgesellschaft" (Kuhlen, 2004a: 427) hat der Einsatz moderner Kommunikationstechnologien sowie die breite Verfügbarkeit des Internets zunehmend Einfluss auf jegliche Arbeitsprozesse genommen. Die internetbasierte Kommunikation ermöglicht einen schier grenzenlosen Zugang zu Daten, Informationen und Wissen. Zugleich werden Menschen durch die Globalisierung und der damit einhergehenden ansteigenden Komplexität sowie dem Konkurrenz- und Leistungsdruck dazu aufgefordert, sich bezüglich ihrer Kompetenzen gegenseitig zu unterstützen, um unter Einbezug unterschiedlicher sowie interkultureller Erfahrungs- und Wissenshintergründe neue Erkenntnisse zu erlangen. Die Nutzung kollektiver Intelligenz impliziert neben einer Arbeits- auch die Wissensteilung der Akteure, wofür das Internet eine Vielzahl neuer Werkzeuge bereitstellt. Auf dieser Grundlage ist die Online-Enzyklopädie *Wikipedia* als bekanntestes Beispiel für das virtuelle Teilen von Wissen entstanden. Eine riesige Menge von weltweit verteilten Internetnutzern, zu denen allein in Deutschland inzwischen 1,4 Millionen zählen (vgl. Wikipedia, 2012: URL), gibt ihre jeweiligen Kenntnisse preis, um gemeinsam mit anderen Freiwilligen Begriffsdefinitionen zu erstellen, welche schließlich der Gemeinschaft nützen. Technologische Neuerungen offenbaren einerseits eine Vielfalt an Möglichkeiten für die virtuelle Zusammenarbeit, stellen die beteiligten Akteure jedoch andererseits auch vor Herausforderungen, welche sowohl die Arbeitsformen in der Wirtschaft als auch Forschungspraktiken in der Wissenschaft betreffen. Beide Bereiche vereint, dass der Erfolg der Akteure jeweils auf der Fähigkeit basiert, neues Wissen zu generieren, um somit den Erkenntnisfortschritt voranzutreiben. Da wissensbasierte Kollaborationen auf genau diesen Erkenntnisgewinn abzielen, erscheint es sinnvoll, jene im Folgenden sowohl im Kontext der Industrie als auch der Wissenschaft zu betrachten.

Die rasant fortschreitende technologische Entwicklung nimmt Einfluss auf kulturelle Prozesse, gleichwie sich im Umkehrschluss kulturelle Faktoren auf jegliche Art von Kommunikation innerhalb einer Zusammenarbeit auswirken. Ziel dieser Arbeit ist es, dazulegen, inwiefern der Erfolg der internetbasierten Zusammenarbeit in der Industrie und Wissenschaft von der Gestaltung der virtuellen Arbeitsumgebung, die wiederum vom individuellen Kulturverständnis der beteiligten Akteure geprägt ist, abhängt. Dabei soll geklärt werden, welche Voraussetzungen im Sinne einer kollaborativen Kultur erfüllt sein müssen, damit Wissen nicht nur geteilt und gemeinsam generiert wird, sondern auch zu verwertbaren neuen Erkenntnissen führt. Jeweils vorhandene bereichsspezifische Einflüsse, welche die Arbeitsprozesse die Arbeitsprozesse in Industrie und Wissenschaft charakterisieren, werden ebenfalls berücksichtigt, wobei die ausgeprägte Traditionsverbundenheit im Bereich der Wissenschaft einen besonderen Stellenwert einnimmt. Da diese wiederum im direkten Zusammenhang mit kulturellen Faktoren steht, erscheint es sinnvoll, diese eingehender zu behandeln und somit im Verlauf der Arbeit einen Schwerpunkt auf wissensbasierte Kollaborationen im Bereich der Wissenschaft zu legen.

Kulturelle Bedingungen sind einem ständigen Wandel unterworfen, weshalb die Definitions- und Transferversuche jener im Rahmen dieser Arbeit in erster Linie als aktuelle und somit beschränkte Einschätzung zu verstehen sind - und einer kontinuierlichen Überprüfung bedürfen. Zudem erfordert die vollständige Analyse virtueller wissensbasierter Kollaborationen den Miteinbezug von zahlreichen weiteren Faktoren, die stets im Verhältnis zu kulturellen Rahmenbedingungen zu berücksichtigen sind. Diese betreffen vor allem individuell variierende soziale Voraussetzungen, die jeweilige technische Ausstattung und gruppenpsychologische Einflüsse, deren Thematisierung jedoch nicht im Zentrum dieser Arbeit steht. Ebenso wird aufgrund des begrenzten Umfangs auf die Herausstellung landesspezifischer Besonderheiten im Sinne eines internationalen Vergleichs wissensbasierter Kollaborationen verzichtet.

Zwecks der Nachvollziehbarkeit der folgenden Ausarbeitung werden im zweiten Kapitel relevante Begriffe erläutert sowie der thematischen Ausrichtung entsprechend zugeordnet. Um sich der Bedeutung kultureller Bedingungen anzunähern und diese zu bestimmen, erfolgt im dritten Kapitel zunächst eine kontextbezogene Definition des Kulturbegriffs, um anschließend diejenigen Elemente herausstellen zu können, in denen sich eine kollaborative Kultur manifestiert. Im vierten Kapitel werden ausgewählte Arten wissensbasierter Kollaborationen, die sich derzeit im Bereich der Industrie und Wissenschaft formieren, beschrieben. Zur Veranschaulichung der jeweiligen Besonderheiten werden diese vorab anhand ihres Zugangs, d.h. inwiefern diverse Akteure beteiligt werden, klassifiziert. Diese Initiativen werden sodann hinsichtlich der Existenz der zuvor identifizierten, bedingenden Faktoren einer kollaborativen Kultur untersucht. Da im Hinblick auf das letzte Kapitel dieser Arbeit ein Schwerpunkt auf die Untersuchung der virtuellen Zusammenarbeit in der Wissenschaft gelegt wird, werden im Rahmen der kritische Betrachtung primär Fallbeispiele aus diesem Bereich verwendet. So wird einerseits dargelegt, inwiefern die kollaborative Wissensgenerierung gegenwärtig in der Praxis stattfindet und andererseits, welche Probleme dabei zu beobachten sind. Diese Arbeit endet mit einem Vorschlag zur Optimierung wissensbasierter Kollaboration im wissenschaftlichen Bereich, wobei sowohl theoriebasierte Empfehlungen als auch ein praxisorientierter Lösungsansatz dargelegt werden.

2. Grundlagen

Um von einem gemeinsamen Verständnis bezüglich der Begrifflichkeiten ausgehen zu können, werden in diesem Kapitel sowohl zugrundeliegende Vorannahmen als auch die Funktion sowie das Ziel wissensbasierter Kollaborationen erläutert.

2.1 Kollektive Intelligenz

Bringt man Individuen bzw. Menschen mit unterschiedlicher Erfahrung, auf deren Bedeutung Kant bereits 1784 hinwies (vgl. 334), zusammen, kann durch die Nutzung des Wissens mehrerer Personen mehr erreicht werden als ein Einzelner je ausrichten könnte (vgl. Lévy, 1997; Surowiecki, 2007). Einen der bekanntesten Nachweise hierfür lieferte Francis Galton, seiner Zeit u. a. bekannt geworden als Naturwissenschaftler und Begründer der Intelligenzforschung, als er 1906 ein Experiment durchführte. Hierbei sollte während einer Nutztiermesse eine Gruppe von Besuchern unterschiedlichen Alters und Intellekts das Gewicht eines Ochsens schätzen. Aufgrund der Angaben der insgesamt 787 Personen, unter denen sich sowohl Laien als auch Experten befanden, errechnete Galton den Mittelwert mit dem für ihn selbst am meisten überraschenden Ergebnis, das beinahe exakt mit dem tatsächlichen Ochsengewicht übereinstimmte und somit den Mehrwert des Einbezugs kollektiven Wissens bewies (vgl. Galton, 1907: URL).

Wenige Jahre zuvor hatte Nietzsche noch verkündet, dass „der Irrsinn [...] bei Einzelnen etwas Seltenes" sei, „aber bei Gruppen [...] die Regel" (Nietzsche, 1900: 107). Und auch nach Galtons Nachweis werden bis heute durchaus immer wieder kritische Stimmen laut. So war Le Bon der Meinung, dass Individuen durchaus als intelligente Wesen verstanden werden können, der Mensch „in der Masse" jedoch ein „Barbar" (1922: 16) sei. Letztlich relativierte er seine Aussage, indem er festhielt, „dass die Masse stets dem isolierten Menschen intellektuell untergeordnet ist, hinsichtlich der Gefühle und der durch diese bewirkten Handlungen aber unter Umständen besser oder schlechter sein kann" (Le Bon, 1922: 17).

In der Literatur findet sich oftmals auch der Ausdruck „Schwarmintelligenz" (vgl. Gassmann, 2010) als Bezeichnung kollektiver Intelligenz, von deren Bezug zur Tierwelt sich im Rahmen dieser Arbeit jedoch distanziert werden soll. Vielmehr soll Kant und Hansen zugestimmt werden, welche die Entstehung von Schwärmen bzw. das Gleichverhalten von Tieren auf deren Instinkte zurückführen und „menschliche Kollektivität

[als] nicht biologisch vorgegeben", sondern als erlernt betrachten (vgl. Hansen, 2000: 39f).

> „Da die Menschen in ihren Bestrebungen nicht bloß instinktmäßig wie Tiere und doch auch nicht wie vernünftige Weltbürger nach einem verabredeten Plane im Ganzen verfahren: so scheint auch keine planmäßige Geschichte (wie etwa von den Bienen oder den Bibern) von ihnen möglich zu sein" (Kant, 1784: 323).

Kollektive Intelligenz, die von Surowiecki (2007, 23ff) auch als „Gruppenintelligenz" bezeichnet wird, entsteht nach dessen Auffassung erst durch eine Vielzahl von Einzelintelligenzen, wobei sie dennoch mehr als die Summer dieser ist. Hierbei misst er dieser einen besonderen Mehrwert im Hinblick auf die erfolgreiche Wissensgenerierung mehrerer Personen bei; „isolierte Intelligenz vermag nämlich nicht verschiedenartige Sichtweisen auf ein Problem zu gewährleisten" (Surowiecki, 2007: 57). Lévy merkt an, dass erst der gegenseitige Austausch über Erkenntnisse zu einem gemeinsamen Verständnis und schließlich zum erfolgreichen Einsatz kollektiver Intelligenz führt. Dementsprechend definiert er diese als „eine Intelligenz, die überall verteilt ist, sich ununterbrochen ihren Wert schafft, in Echtzeit koordiniert wird und Kompetenzen effektiv mobilisieren kann" (Lévy, 1997: 28f). Hierbei erscheint es sinnvoll, beide Begriffe auch getrennt voneinander zu betrachten.

Intelligenz wird von Zimbardo als „Fähigkeit, aus Erfahrungen Nutzen zu ziehen und das Gegebene in Richtung auf das Mögliche zu überschreiten" definiert (1992: 440), wobei nach Lévy auch die „Bedeutung von gegenseitigem Einverständnis, von Wissen um den anderen" entscheidend ist (1997: 26).

Kollektive, verstanden als Gruppe von Menschen, „konstituieren sich durch gemeinsame Standardisierungen [...], bis ein Kollektivbewusstsein erreicht ist", wobei dies einen „kommunikativen Kontakt zwischen den Mitgliedern des Kollektivs" bzw. Informationsaustausch voraussetzt, was Hansen wiederum als „Kollektivität" definiert (vgl. 2000: 40ff). Betrachtet man Konnektivität somit als Voraussetzung für Kollektivität erhält das Internet eine zentrale Bedeutung:

> „*The Internet is both the result of and the enabling infrastructure for new ways of organizing collective action via communication technology*" (Rheingold, 2002: 47).

Zahlreiche Studien belegen inzwischen, dass neue Kommunikationstechnologien die Entstehung kollektiver Intelligenz im hohen Maß fördern (vgl. Lévy, 1997: 25ff; Nielsen, 2012: 18ff). Inwiefern dies die gemeinsame Wissensgenerierung und somit die Entstehung verschiedener Arten wissensbasierter Kollaborationen sowohl in der Industrie als auch in der Wissenschaft beeinflusst, wird in Kapitel 4 erläutert. Zuvor sollen diese, ausgehend von der Annahme, dass jegliche wissensbasierte Kollaborationen die Existenz kollektiver, „kulturell gewachsener" (Lévy, 1997: 32) Intelligenz voraussetzen, definiert werden.

2.2 Wissensbasierte Kollaborationen

Um sich einer Definition der wissensbasierten Kollaboration anzunähern, erscheint es hilfreich, zunächst auf den Begriff des Wissens einzugehen. Hierbei muss Wissen von Daten und Informationen abgegrenzt werden, da sich Wissen erst manifestiert, wenn diesen ein bestimmter Kontext zugeordnet wird (vgl. Höppner, 2010: URL). Probst et al. beschreiben Wissen als „Gesamtheit der Kenntnisse und Fähigkeiten, die Individuen zur Lösung von Problemen einsetzen" und bezeichnen es als „einzige Ressource, welche sich durch Gebrauch vermehrt" (2003: 1). Ferner kann nach Polanyi zwischen implizitem (*„tacit knowledge"*), worüber der Mensch vor allem verfügt, und explizitem Wissen (*„explicit knowledge"*) unterschieden werden, wobei beide Arten „untrennbar miteinander verknüpft" sind (vgl. Polanyi, 1985; Blüschken/Blümm, 2000: URL). Unter explizitem Wissen wird das, „worüber wir bewusst verfügen und was wir formulieren können" (Täubner, 2011: 56), verstanden. Um implizites Wissen, das sich im Rahmen der menschlichen Intuition konstituiert und sich in routiniertem Verhalten zeigt (vgl. Täubner, 2011: 56), handelt es sich, wenn „wir mehr wissen, als wir aussprechen können" (Polanyi, 1985: 25) - weswegen es auch oft als stilles Wissen bezeichnet wird. Jenes besitzt „eine persönliche Qualität, durch dies es nur schwer [...] vermittelbar ist" (Reichwald/Piller, 2006: 69). Dies ist besonders bei der „organisationalen Wissensbeschaffung" und somit auch für jegliche Art von Kollaboration relevant, da hierbei oftmals das implizite Wissen der „beteiligten Individuen" als entscheidender Beitrag bei Problemlösungen gilt (vgl. Blüschken/Blümm, 2000: URL). Das Teilen bzw. der Austausch impliziten Wissens mit anderen setzt bezüglich des Einzelnen einerseits die Fähigkeit und andererseits die Bereitschaft eines offenen Umgangs mit dem eigenen Wissen voraus. Neue Kommunikationstechnologien und –funktionen begünstigen die Möglichkeiten, sowohl Arbeitsaufgaben als auch Wissen zu teilen: Im *Web 2.0*-Zeitalter erstellen Internetnutzer eigenständig Inhalte und tauschen sich in Echtzeit darüber aus (vgl. O'Reilly, 2005 : URL). Das Internet stellt somit bereits eine Vielzahl von Werkzeugen zur Verfügung - doch „die Bereitschaft zur Teilung von Wissen wird [...] durch eine breite Mischung von Variablen beeinflusst", Probst et al., 2003: 162). Dabei gab es die Bereitschaft Wissen zu teilen und anzuhäufen bereits im dritten Jahrhundert v. Chr. in Alexandria, dem „Geburtsort der modernen Wissenschaft" (Tapscott/Williams, 2007: 149), als sich eine Gruppe von Griechen zum Ziel setzte, sämtliche Bücher und Schriften aus den verschiedensten Fachgebieten zusammenzutragen und für andere Interessenten zugänglich zu machen. In der heutigen Wissensgesellschaft ist sowohl Wissen als auch Macht auf mehr Menschen verteilt als jemals zuvor (vgl. Probst et al., 2003: 154). Den Zusammenhang zwischen Wissen und Macht schrieb einst Bacon in seinem Werk *Novum Organum*, worauf das bekannte Sprichwort „Wissen ist Macht" zurückzuführen ist, nieder:

> *„Human knowledge is acquired by observation, and experience [...]: therefore, the more we observe and try, the more we learn and are enabled to perform. And thus knowledge and power go hand in hand: so that the way to increase in power, is to increase in knowledge"* (1815: 1).

De Certeau fügt später hinzu, dass Macht „nicht nur ein Ergebnis oder eine Eigenschaft des Wissens" darstellt; vielmehr „ermöglicht und bestimmt [sie] die Eigentümlichkeiten des Wissens" und „stellt sich im Wissen her" (1988: 88f). Dem ähnelt Foucaults Ansatz, der Macht als „produktives Netz", das „Wissen hervorbringt" bezeichnet (1978: 35). Ihm geht es darum, Macht in ihren „lokalsten Formen und Institutionen anzugehen, besonders dort, wo sie [...] sich in Institutionen eingräbt, sich in Techniken verkörpert und sich Instrumente materiellen [...] Eingreifens gibt" (Foucault, 1978: 80). Hierbei spielt wiederum das Verständnis von Macht hinsichtlich unterschiedlicher Kulturen und somit auch der Aspekt der „Machtdistanz" als das „Ausmaß, bis zu welchem die weniger mächtigen Mitglieder von Institutionen bzw. Organisationen eines Landes erwarten und akzeptieren, dass Macht ungleich verteilt ist", eine entscheidende Rolle (Hofstede, 1993: 42). Bezogen auf in dieser Arbeit thematisierten Arten von Zusammenarbeit kann dies sowohl auf den Bereich der Industrie als auch auf den der Wissenschaft übertragen werden. Hofstede erläutert dies anhand des Umgangs mit Macht innerhalb eines Unternehmen:

> „In Ländern mit großer Machtdistanz betrachten Vorgesetzte und Mitarbeiter sich selbst als von Natur aus mit ungleichen Rechten ausgestattet, und auf dieser Einstellung basiert auch jedes hierarchische System [...] In Ländern mit geringer Machtdistanz betrachten sich Mitarbeiter und Vorgesetzte als von Natur aus gleichberechtigt" (Hofstede, 1993: 50f).

Somit kommt es in jeglichen wissensbasierten Kollaborationen zu einer Veränderung der Machtverhältnisse, sofern sie wie folgt definiert werden:

- Eine große Anzahl von Personen
- mit unterschiedlichen Kultur- und/oder Wissenshintergründen
- teilt ihr Wissen,
- um gemeinsam neues Wissen zu generieren und
- letztlich neue Erkenntnisse zu erlangen.

Im Gegensatz zum Teilen von lediglich Arbeitsaufgaben gibt innerhalb von wissensbasierten Kollaborationen jeder Einzelne sein individuell geprägtes Wissen preis. Erst aufgrund dessen kann im Rahmen des Kollektivs etwas Neues und Einzigartiges entstehen, wozu jeder der Beteiligten allein nicht imstande wäre (vgl. Kapitel 2.1). Durch die damit einhergehende und notwendige Offenheit, welche jegliche wissensbasierte Kollaboration kennzeichnet, kann diese klar vom statischem Umgang mit Wissen bzw. dessen Speicherung in Containern (vgl. Kuhlen, 2003: URL) wie z.B. bei *think tanks*, geschlossenen elitären Denkfabriken (vgl. Probst et al., 2003: 82), abgegrenzt werden.

Der Begriff der Kollaboration wurde politikgeschichtlich vor allem in Deutschland und Frankreich lange im Kontext der Zusammenarbeit zwischen Nationalsozialisten und feindlichen Besatzungsmitgliedern (vgl. Duden, 2012: URL) verwendet und ist somit möglicherweise bis heute durchaus auch mit negativen Assoziationen behaftet. Aufgrund dessen erscheint es an dieser Stelle notwendig, auf die inzwischen veränderte und vor allem im Kontext der Gesellschafts- und Wirtschaftskommunikation verbreitete Bedeutung hinzuweisen. Abgeleitet aus dem Lateinischen (*collaborare*) bezeichnet Kollaboration, auch bezugnehmend auf den englischen und positiv konnotierten Ausdruck (*collaboration*), die Zusammenarbeit von Personen bzw. Gruppen (Oxford English Dictionary, 2012: URL). Dementsprechend spricht Döring von „Kollaborationsprozesse[n], die auf Problemlösungen, Entscheidungen, das Erzeugen von Produkten oder das direkte Zusammenwirken von Personen hinauslaufen" (2003: 284). Neben der Zusammenarbeit im realen Raum wird inzwischen auch die Zusammenarbeit im Internet als Kollaboration bezeichnet. Da in dieser Arbeit Letztere thematisiert wird, bezieht sich die Verwendung des Begriffs im Folgenden ausschließlich auf die Bezeichnung der internetbasierten Zusammenarbeit im virtuellen Raum. In diesem Sinne ist eine wissensbasierte Kollaboration eng mit dem Begriff der „virtuellen Gemeinschaft" verbunden, die wiederum als „eine Gruppe von Personen, die über elektronische Medien kommuniziert und/oder interagiert", verstanden wird (Reichwald/Piller, 2006: 178). Hierbei handelt es sich um Gruppen, deren einzelne Mitglieder sich mithilfe der Internettechnologie zeit- und ortsunabhängig virtuell zusammenfinden. Büffel et al. (2007: URL) merken an, dass „die aktuellen Entwicklungen [...] belegen, dass es heute nicht mehr nur um die Verknüpfung von Inhalten und Wissen geht, sondern in zunehmendem Maße auch um die soziale Vernetzung der dahinter stehenden Menschen". Gruppen zeichnen sich gewöhnlich dadurch aus, dass „ihre Mitglieder untereinander in Kontakt stehen" (Hansen, 2000: 39) und ein gemeinsames Ziel verfolgen. Das Internet gilt hierbei als „Raum, in dem beim Umgang mit Wissen und Information neue Verhaltensformen entstehen" (Kuhlen, 2004: 23).

> „Kollaboration im Netz, bei der die Beteiligten räumlich voneinander getrennt sind, sich möglicherweise nicht kennen und auch asynchron miteinander kommunizieren, stellt besonders hohe Anforderungen an die Koordination der Prozesse" (Döring, 2003: 284).

Hinzu kommt der zentrale Aspekt dieser Arbeit, dass auch, wenn Wissenszugang und -austausch bedingt durch das Internet jederzeit und überall möglich sind, jegliche Rahmenbedingungen stets „für jeden Einzelnen [...] in das spezielle kulturelle Umfeld eingebettet" sind (Kuhlen, 2004a: 40).

Im Folgenden wird sich auf den Einsatz wissensbasierter Kollaboration im Kontext von Industrie und Wissenschaft beschränkt. Dennoch sei an dieser Stelle darauf hingewiesen, dass diese auch in anderen Bereichen wie beispielsweise im Schulungs- und Ausbildungsbetrieb im Sinne des *Web 2.0*[1]- bzw. *„E-Learning"* (vgl. Kuhlen, 2004: 257) zunehmend an Bedeutung gewinnen.

Bevor auf die Bedeutung von kulturellen Faktoren eingegangen wird, soll zunächst erläutert werden, inwiefern wissensbasierte Kollaborationen auf die Schaffung von Erkenntnissen abzielen.

2.3 Erkenntnisprozesse in Industrie und Wissenschaft

Das Bestreben von Unternehmen, sich langfristig erfolgreich auf dem Markt zu behaupten, ist eng mit deren Fähigkeit, neue marktfähige Produkte, Dienstleistungen und Geschäftsmodelle hervorzubringen, verbunden. Ebenso spiegelt sich der Ruhm eines Wissenschaftlers darin, möglichst nachhaltig neuartige Forschungsergebnisse vorzuweisen.

---

[1] d.i. virtuelle Lernprozesse und Schulungsmaßnahmen, bei denen sich Lernende und Lehrende in Echtzeit austauschen (vgl. *Web 2.0*, S. 5)

Der globale Wettbewerb, technologische Entwicklungen sowie das sich verändernde Konsumentenverhalten tragen gleichermaßen zu einer ansteigenden Nachfrage nach Innovationen sowie neuen Erkenntnissen in Bezug auf Forschungs- und Entwicklungsfragen bei (vgl. Schildhauer, 2010: URL). Abgeleitet aus dem Lateinischen von *novus*[2] bzw. *innovatio*[3] bedeutet Innovation wörtlich übersetzt „(Er)neuerung" (Duden, 2012: URL). Gleichwie Kant (vgl. 1784; Fastenrath, 1995; Mohr/Willaschek, 1998) stets die wichtige Bedeutung der Erfahrung als Grundlage des Wissens betonte, erklärte er auch die Entstehung des Neuen aus dem rationalem „Erkenntnisvermögen" (Mohr/Willaschek, 1998:20) des Menschen.

> „Nur durch die Verbindung von Anschauung und Begriff kommt Erkenntnis zustande" (Mohr/Willaschek, 1998: 19).

In der unternehmerischen Praxis wird Innovation heute zum einen als eine Erfindung deren Neuartigkeit sich im „innerbetrieblichen Einsatz bewährt oder im Markt verwerten lässt" und zum anderen als das „Ergebnis eines Problemlösungsprozesses" definiert (Reichwald/Piller, 2006: 98; 102) - worauf sich wiederum auch der Einsatz wissensbasierter Kollaborationen im Bereich der Wissenschaft bezieht. Wie Kuhn bereits 1959 anmerkte, kann eine neue Erkenntnis, insbesondere im Bereich der Naturwissenschaften weitreichende Veränderungen einleiten:

> „Da das Alte bei der Aufnahme des Neuen umbewertet und umgeordnet werden muss, sind Entdeckungen und Erfindungen in den Wissenschaften im allgemeinen grundsätzlich revolutionär" (310).

Kuhlen meint, „je freizügiger der Umgang mit Wissen jeder Art ist, desto größer [sind] die Chancen für einen hohen Innovationsgrad" (2004a: 362). Wobei dieser umso höher ist, „je stärker die Umsetzung einer Innovation [...] Veränderungsprozesse bedingt." (Reichwald/Piller, 2006: 102). Der Innovationsprozess ist „als Motor des Fortschritts durch eine hohe Wissensintensität gekennzeichnet" (Blüschken/Blümm, 2000: URL) - zumal „an dessen Verlauf zumeist mehrere Akteure aus Wissenschaft, Forschung und Technologie beteiligt sind" (Schildhauer, 2010: URL).

---

[2] deutsche Übersetzung: neu

[3] dt. Übers.: etwas neu geschaffenes

Abb. 1: Phasen eines Innovationsprozesses (in Anlehnung an Reichwald/Piller, 2006: 102)

Die in Abb. 1 vereinfacht dargestellten Phasen eines klassischen unternehmerischen Innovationsprozesses ähneln dabei dem idealtypischen Arbeitsverlauf in der Wissenschaft. So geht es in beiden Bereichen darum, zunächst eine Idee für ein neues Produkt bzw. Projekt zu finden bzw. diese zu generieren, sodann beginnt die Arbeit an der Umsetzung, um schließlich neue Erkenntnisse, die Schaffung einer Innovation oder die Lösung einer Forschungsaufgabe, zu erreichen.

Sowohl in der Industrie als auch in der Wissenschaft besteht ein großes Interesse, Erkenntnisprozesse kontinuierlich zu optimieren und vor allem zu beschleunigen. Dies spielt besonders im wirtschaftlichen Kontext eine entscheidende Rolle zumal Innovationen „schwer planbar [und] eher das Ergebnis eines längeren Prozesses als eines einzelnen Geistesblitzes" sind (Buhse/ Stamer, 2008a: 247). Ebenso in beiden Bereichen werden neue Erkenntnisse aufgrund des Teilens von Wissen gewonnen, wobei daraus die besten Ergebnisse hervorgehen, wenn Denkansätze kombiniert werden, die zuvor noch nicht miteinander in einen Zusammenhang gebracht wurden (vgl. Chua et al., 2011: 4ff). Die bereits erwähnten Annahmen zur kollektiven Intelligenz (vgl. Kapitel 2.1) spielen somit bei jeglichen Erkenntnisprozessen eine entscheidende Rolle. Besitzen die Beteiligten zudem unterschiedliche kulturelle Hintergründe, kann dies das Kreativitäts- bzw. das Erkenntnispotenzial umso mehr steigern. D.h. Probleme können unter Umständen schneller gelöst werden, wenn unterschiedliche Einfälle mehrerer Personen aus verschiedenen Kulturkreisen vereint werden. So sind heterogen gemischte homogenen Gruppen überlegen, da diese zwar auszeichnet, dass sie „in dem, was sie beherrschen, gute Leistungen zeitigen; sie sind allerdings immer weniger imstande, Alternativen zu erkunden" (Surowiecki, 2007: 58). Die Studien von Chua et al. belegen, dass der

Erkenntniserfolg, resultierend aus einer Zusammenarbeit von mehreren Personen mit unterschiedlichen Wissenshintergründen letztlich im hohen Maß von der vorhandenen interkulturellen Kompetenz der Beteiligten abhängt (vgl. 2011: 6ff). Im Folgenden wird dargelegt, welche Voraussetzungen erfüllt sein müssen, um kollektive Intelligenz bzw. das Wissen von heterogen gemischten Nutzergruppen, die man ohne die Unterstützung des Internets nicht erreichen würde, für die Generierung von neuen marktfähigen Ideen und die Lösung komplexer Forschungs- und Entwicklungsfragen nachhaltig und bestmöglich nutzen zu können. Kultur soll somit als „im Sinne eines im Individuum manifest werdenden übergeordneten Einflussfaktors" (Blättel-Mink, 2010: 131), der eine wesentliche Rolle bei jeglicher Art von Erkenntnisprozessen spielt, betrachtet werden.

3. Kulturelle Bedingungen

In diesem Kapitel geht es darum, Kultur als komplexen Begriff, der einem ständigen Wandel unterworfen ist, im Kontext von wissensbasierten Kollaborationen zu definieren. Hierzu wird zunächst auf die Entwicklungsgeschichte des Begriffs eingegangen, um sodann die verschiedenen Kulturebenen und Anwendungsfelder zu erläutern, wobei die Bedeutung der jeweils vorherrschenden Arbeitskultur in Industrie und Wissenschaft herausgestellt werden. Anschließend werden hinsichtlich der thematischen Ausrichtung dieser Arbeit Faktoren identifiziert, welche die Bedingungen für die Schaffung einer kollaborativen Kultur darstellen.

3.1 Zur Vorgeschichte des Kulturbegriffs in Organisationen

Im 17. Jahrhundert wurde *cultura* aus dem Lateinischen wörtlich mit „Landbau" und „Pflege (des Körpers und Geistes)" übersetzt (Duden, 2012: URL). Kant begriff Kultur gleichwie den Mensch als „Endzweck der Natur" (1790: 387) und wies im Rahmen seines kategorischen Imperativs[4] auf die „Idee der Moralität" (1784: 333) als essentielle Bedingung für Kultur hin: Seine Annahmen implizierten, dass eine bloße Orientierung an technologischen Weiterentwicklungen lediglich zur Zivilisation beitragen, jedoch noch keine Kultur - die eben nicht naturgegeben ist, sondern erst durch Menschen geschaffen wird, darstellen würde (vgl. Kant, 1784: 333). Der Bezug zum Naturbegriff begründet auch die Basis zahlreicher folgender Definitionsversuche in der Literatur. Im Sinne der untrennbaren Verknüpfung von Natur und Kultur weist Hofstede (1993) darauf hin, dass die menschliche Natur sowohl der Kultur- als auch der individuellen Persönlichkeitsentwicklung zugrunde liegt (siehe Abb. 2, S. 14).

Hofstede definiert Kultur als „kollektives Phänomen, da man sie zumindest teilweise mit Menschen teilt, die im selben sozialen Umfeld leben oder lebten, d.h. dort wo diese Kultur erlernt wurde" (1993: 19). Im Gegensatz zu natürlichen Gegebenheiten werden kulturelle Elemente demnach erst im Laufe des Lebens im Rahmen eines kontinuierlichen Lernprozesses aufgrund von Erfahrungen erworben und verinnerlicht. Wobei - bezogen auf die persönliche Wissensaneignung - „etwas verinnerlichen heißt, sich mit den betreffenden Lehren identifizieren, sie zum proximalen Term eines moralischen Wissens

---

[4] d.i. der Grundsatz Kants Ansatz zur praktischen Vernunft: „Handle so, dass die Maxime deines Willens jederzeit zugleich als Prinzip einer allgemeinen Gesetzgebung gelten könne" (Fastendorf, 1995: 28).

machen, das in praktischen Handlungen folgenreich wird" (Polanyi, 1985. 24).

Abb. 2: Einbettung von Kultur (vgl. Hofstede, 1993; Kant, 1784)

Kultur findet auf mehreren verschiedener Ebenen statt (siehe Tab. 1, S. 15). Gleichwie im realen Raum organisieren sich virtuelle Kollaborationen entweder selbst, werden zentral gesteuert oder aber treten als Mischform auf. Betrachtet man jede der drei Ausrichtungen als Merkmal einer Organisation, definiert als Ort „wo die Leute arbeiten" (Hofstede, 1993: 42), kann der Begriff der Arbeits- bzw. Organisationskultur auch im Zusammenhang mit der in dieser Arbeit thematisierten wissensbasierten Zusammenarbeit verwendet werden.

Ausgehend von der Betrachtung der Kulturebenen ist somit im Folgenden vor allem die Ebene der Organisation von Interesse. Wobei diese wiederum untrennbar mit der Nationalitätsebene, welche der Landesherkunft einer Person entspricht, verbunden ist. Hansen versteht unter Kultur die „Gesamtheit der Gewohnheiten eines Kollektivs" bzw. „kulturelles Gleichverhalten" (2000: 17f, 37), was sich somit sowohl auf die Kultur eines Landes als auch auf die Kultur einer Organisation bezieht.

Kultur manifestiert sich in „Werten" (Hofstede; 1993) und „Praktiken" (De Certeau, 1988; Hofstede, 1993) bzw. gewohnten Handlungen (vgl. Hansen, 2000). Individuell vorhandene **Werte** bzw. Wertvorstellungen betreffen u. a. die Einstellung gegenüber Macht und Autonomie sowie den Umgang mit Kontrolle.

Kulturebenen
Nationalität
Regionale, ethische, religiöse, sprachliche Zugehörigkeit
Geschlecht
Generation
Soziale Klasse
Organisation

Tab. 1: Sechs Kulturebenen in Anlehnung an Hofstede (vgl. 1993: 25)

Auf diese kann „lediglich aus der Art und Weise, wie Menschen unter verschiedenen Umständen handeln" (Hofstede, 1993: 23), geschlossen werden. **Praktiken**, zu denen Rituale gleichwie das Kommunikationsverhalten gehören, wobei wiederum die Sprache eine entscheidende Rolle spielt, gelten dagegen als „*visible part of culture*" (Hofstede et al., 2010: 19).

Veränderte Rahmenbedingungen, hervorgerufen durch den Einfluss heutiger Internettechnologien begünstigen zum einen die Entstehung „neuer Formen von Kreativität, Wissenserkundung [sowie] sozialer Beziehungen" (Lévy, 1997: 125) und beeinflussen zum anderen jegliche kulturelle Prozesse.

> „Im Vergleich zu früheren Generationen verfügt die *Net Gen*[5] auch über ein neues und einzigartiges Sortiment prägender Erfahrungen, die ihr Gefühl für die Werte und Normen am Arbeitsplatz bestimmen" (Tapscott/Williams, 2007: 249).

Blättel-Mink weist dabei auf den Aspekt der institutionellen Verankerung von Kultur hin und merkt an, dass diese sich wiederum direkt auf den „Umgang mit der Natur, soziale Umgangsformen, Technikentwicklung und die Organisation von Wissen" einzelner Gemeinschaftsmitglieder auswirkt (2010: 132ff). Kultur zeichnet sich wie bereits einleitend erwähnt seit jeher durch ihre Veränderbarkeit und Dynamik aus (vgl. Murphie/Potts, 2003: 7f). Sobald es zu einem Kulturwandel kommt, betrifft dies alle Bereiche der Gesellschaft. Entscheidend hierbei ist die Differenzierung bezüglich der

---

[5] Kurzform für *Net Generation*; dt. Übers.: Netz- bzw. Internet-Generation (vgl. Oxford English Dictionary, 2012: URL)

Auswirkungen auf Praktiken und Werte. So weisen Hofstede et al. (vgl. 2010, 19) darauf hin, dass Praktiken sich durchaus schnell verändern können, Werte jedoch nicht. Hierbei wird davon ausgegangen, dass sich persönliche Werte auf die Kultur eines Landes und Praktiken vielmehr auf die Kultur einer Organisation beziehen (vgl. Harss/Hofstede, 2010: 13f). So ergibt sich wiederum die Notwendigkeit bei der Betrachtung einer internationalen Organisationskultur zunächst die in einem Kulturkreis vorherrschenden Wertvorstellungen wahrzunehmen, um anschließend beobachtete Verhaltensweisen zu beurteilen und ggf. ändern zu können. Organisationskulturen entstehen demnach „aus der Interpretation der Kulturaspekte durch die einzelnen Organisationsmitglieder" (Höher/Koall, 2002: URL), weswegen beispielsweise die Sprach- oder Führungsstile von Unternehmern landeskulturabhängig stark variieren können.

Hinsichtlich der im vierten Kapitel folgenden Betrachtung wissensbasierter Kollaborationen im wirtschaftlichen sowie wissenschaftlichen Kontext soll an dieser Stelle zudem auf die besonderen Rahmenbedingungen im Bereich der Wissenschaft hingewiesen werden. Zwar sind „Wissenschaft und Handel [...] gleichermaßen von der Fähigkeit abhängig, die Arbeit anderer zu beobachten, aus ihr zu lernen und sie zu prüfen" (Tapscott/Williams, 2007: 179), dennoch entscheiden sie sich hinsichtlich ihres Arbeitskulturverständnisses.

Tab. 2 veranschaulicht, auf welchem grundsätzlichen Unterschied die jeweiligen kulturellen Bedingungen - zum einen im Unternehmensumfeld und zum anderen in Forschungsinstitutionen – basieren. So gibt Kuhlen gibt als Hauptaspekt die Differenzierung bezüglich der Anerkennung von Leistungen an, welche die jeweilige Arbeitskultur, die wiederum als Orientierungshilfe bezüglich jeglichen Handelns im Rahmen einer Zusammenarbeit dient, maßgeblich prägt (vgl. 2004a: 41).

Unternehmenskultur	Wissenschaftskultur
Monetäre Anerkennung	Reputation

Tab. 2: Unterschiedliche Einflussfaktoren der Arbeitskultur (vgl. Kuhlen, 2004a: 41)

In der Industrie werden im Rahmen der jeweils vorherrschenden Unternehmenskultur, die „bestimmt, worauf es im Unternehmen ankommt und wie Probleme im Unternehmen angegangen werden" (von Heimburg, 2011: 21), jegliche Verdienste und Aufwände, die auf die Schaffung von Innovation abzielen, üblicherweise materiell vergütet. Wissenschaftler werden für die Präsentation ihrer neuartigen Erkenntnisse letztlich immateriell in Form von Reputation entlohnt.

> „Wissenschaftler sind in entscheidendem Maß gezwungen, sich bei ihren Tatsachen auf die Autorität von Kollegen zu verlassen. Diese Autorität setzt sich in Form persönlicher Machtausübung durch, zumal bei der von Wissenschaftlern ausgeübten Kontrolle über die Informationskanäle, die die Verbreitung wissenschaftlicher Beiträge in der Fachöffentlichkeit gewährleisten" (Polanyi, 1985: 60).

Somit können Wissenschaftler als zugleich kooperativ und konkurrenzbetont betrachtet werden. Reputation bzw. Macht erlangt ein wissenschaftlich Tätiger erst, wenn er eine bestimmte Anzahl von publizierten Artikeln und Forschungsberichten in renommierten Fachzeitschriften aufweist. Die Veröffentlichung erfolgt dabei üblicher Weise in englischer Sprache, damit die Forschungsergebnisse auch im internationalen Umfeld verstanden werden können. Zwecks der Qualitätssicherung werden die Publikationen üblicherweise im Rahmen eines *Peer Review*-Verfahrens von unabhängigen gleichrangigen Fachkollegen („*peers*") begutachtet (vgl. Nielsen, 2012: 185ff).

Insofern sind wissensbasierte Kollaborationen im Bereich der Forschung eng an die vorherrschenden Werte und Praktiken der Wissenschaftskultur, *„a culture, that only values and rewards the sharing of scientific knowledge in the form of papers"*, gebunden (Nielsen, 2012: 186). Dabei gilt, dass Wissenschaft „ohne effektiven Zugang zu Daten, Material und Veröffentlichungen" (Tapscott/Williams, 2007: 179) nicht möglich ist.

Bereichsübergreifend gilt bezüglich der Zusammenarbeit in der Industrie gleichwie in der Wissenschaft, dass

- bei der Beteiligung mehrerer Personen aufgrund des unterschiedlichen kulturell geprägten Hintergrundwissens das gleiche Problem auf verschiedene Weise interpretiert und bearbeitet werden kann (vgl. Chua et al., 2011: 8)

und

- die jeweils in einer Gemeinschaft vorherrschende Arbeitskultur vorgibt, dass das Teilen von Wissen – in materieller oder immaterieller Form – einen „*return on investment*" (Höppner, 2010: URL) zur Folge hat.

Inwiefern der Erfolg der jeweiligen Erkenntnisgenerierung darüber hinaus von kollaborativen Kulturfaktoren beeinflusst wird, wird im Folgenden dargelegt. Hierbei werden diejenigen Elemente identifiziert, die eine kollaborative Kultur kennzeichnen und somit als Bedingungen erfolgsorientierter wissensbasierter Kollaborationen gelten.

3.2 Merkmale einer kollaborativen Kultur im 21. Jahrhundert

Nach Kuhlen sind „Kollaboration und Kommunikation unverzichtbar für eine Vision der Informationsgesellschaft, die erst dann zur Realität gebracht werden kann, wenn sie sich als Kommunikationsgesellschaft versteht, die auf den Prinzipien des Teilens, Austauschens und der symmetrischen Anerkennung der Rechte der jeweiligen Kommunikations-/Kollaborationspartner beruht" (2004b: 236). Folglich stellt sich die Frage, wie Arbeitsumgebungen in der Industrie und Wissenschaft beschaffen sein müssen, damit innerhalb wissensbasierter Kollaborationen Wissen zunächst geteilt und sodann als gemeinsame Neukonstruktion nachhaltig eingesetzt und angewendet werden kann. Lévy merkt an, dass „die dauernde Veränderung der Techniken, Märkte und wirtschaftlichen Verbindungen [...] die Kollektive dazu [treibt], ihre rigiden, hierarchischen Organisationsstrukturen aufzugeben und die aktiven Fähigkeiten zu Initiative und Kooperation ihrer Mitglieder zu entwickeln" (1997: 45). Nun gilt es dazulegen, inwiefern einzelne kulturelle Elemente im Rahmen einer kollaborativen Kultur verinnerlicht werden müssen, um damit die kollektive Wissensgenerierung und letztlich den Erfolg wissensbasierter Kollaborationen positiv zu beeinflussen. Sobald eine heterogen gemischte Gruppe von Menschen mit individuellen Wissenshintergründen aufeinandertrifft, ist ein kollaboratives Kulturverständnis der Einzelpersonen unabdingbar: *„No group can escpace culture"* (Hofstede et al., 2010: 11). Unter einer kollaborativen Kultur versteht Kuhlen, „offen für das Wissen anderer zu sein und die Kompetenz zu haben, nicht nur das eigene, intern vorhandene Wissen zu verwenden, sondern dieses auch über externe Wissensressourcen der Informationsmärkte und Wissensallmenden zu erweitern und altes und neues Wissen mit anderen zu teilen" (2006: URL). Hieraus lässt sich ableiten, dass Offenheit bzw. der offene Umgang mit Wissen, als zentrale Bedingung für jegliche kooperative Zusammenarbeit gilt. Doch eben genau der Gedanke der „Wissens(ver)teilung stößt auf kulturell verankerte Barrieren" (Probst et al., 2003: 171) und löst sowohl Macht- als auch Vertrauensfragen auf verschiedenen Ebenen aus, mit denen es sich im Zusammenhang mit wissensbasierten Kollaborationen und somit auch im Rahmen dieser Arbeit (vgl. Kapitel 4) auseinanderzusetzen gilt. Erst wenn es gelingt, eine allgemeine Vertrauensbasis zu schaffen, können einzelne Akteure zur Beteiligung an einer Zusammenarbeit motiviert werden (vgl. Abb. 3, S. 18).

„Sharing one's knowledge and insights with another person entails making oneself vulnerable to the other and thus requires trust" (Chua, 2011: 4f).

Somit kann eine kollaborative Kultur zugleich als „Vertrauenskultur" (Reichwald/Piller, 2006: 86) verstanden werden.

Abb. 3: Offener Umgang mit Wissen als Voraussetzung (eigene Darstellung)

Die Studien von Erickson und Gratton (2007: 5f) belegen, je größer die Anzahl von Experten innerhalb einer Kollaboration, desto eher kann es zu Konflikten kommen; außerdem besagen diese, dass Diversität sich grundsätzlich positiv auf die Innovationsfähigkeit auswirkt, die beteiligten Akteure dadurch jedoch weniger bereit sind, ihr Wissen zu teilen. Zudem erfordert die wissensbasierte Kollaboration im Vergleich zum individuellen Arbeiten einen erhöhten Zeit- und Arbeitsaufwand bezüglich der Koordination und Kommunikation unter den Beteiligten.

> „Die kollektive Intelligenz hinterfragt immer wieder den sozialen Kontakt, sie hält die Gruppe im Zustand des Entstehens. Paradoxer Weise braucht das Zeit: Zeit, Menschen einzubinden, Bindungen herzustellen" (Lévy, 1997: 132).

Um die Akteure dennoch zur Kollaboration zu motivieren ist die Beachtung zwei zentraler Hauptaspekte, die eine kollaborative Kultur bedingen und im Folgenden näher erläutert werden, von Nöten (siehe Abb. 4, S. 20). Da das Verhältnis zwischen Individuum und Kollektiv in unterschiedlichen Ländern variieren (vgl. Harss/Hofstede, 2010: 13) und dies wiederum unter Umständen das gegenseitige Verständnis gefährden kann, gilt hinsichtlich aller Praktiken im Rahmen der Zusammenarbeit einer heterogen gemischten Gruppe ein gewisses Maß an „Standardisierung" (Hansen, 2000: 40f) als unabdingbarer Grundsatz einer kollaborativen Kultur.

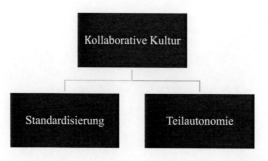

Abb. 4: Basisfaktoren einer kollaborativen Kultur (eigene Darstellung)

Jegliche Verhaltensweisen, Handlungen und Regeln erfüllen erst dann ihren Zweck, wenn sie von allen Beteiligten kollektiv beachtet und in die jeweilige Arbeitspraxis integriert werden – das Bestreben des Einzelnen kann hierbei nicht viel ausrichten. **Standardisierte Praktiken** zielen somit unter Einbezug der Definition wissensbasierter Kollaboration (vgl. Kapitel 2.2) darauf ab, dass

- alle Beteiligten
- obgleich möglicher unterschiedlicher Wertvorstellungen
- sich an den gleichen Regeln bzw. Normen orientieren können,
- um ein gegenseitiges Verständnis zu ermöglichen und
- letztlich ein gemeinsames Ziel zu erreichen.

Wird Kultur als „Werkzeugkiste, die unseren mentalen Fähigkeiten zur Verfügung steht" (Lévy, 1997: 245), betrachtet, stellt die Verständigung und Kommunikation mittels einer **gemeinsamen Sprache** als wichtigste aller kultureller Praktiken (vgl. Kapitel 3.1) eine entscheidende Voraussetzung für jegliche Art von Zusammenarbeit und somit auch für die Etablierung standardisierter Praktiken dar. Blättel-Mink betont in diesem Zusammenhang, dass Kultur über jegliche „Mechanismen der sozialen Interaktion" (2010: 132) wirkt. Für Stahl gilt Sprache als Medium des Wissens, das sich in den Erfahrungen von Individuen, den Interaktionsmustern von kommunizierenden Gruppen und in den kulturellen Traditionen begründet (vgl. 1999: 6). Beim Gebrauch im Internet ist die Sprache einem ständigen Wandel unterworfen, weswegen Lévy Kollektive im virtuellen Raum als „Schöpfer sich verändernder Sprachen" (1997: 130f) bezeichnet. Der Einsatz von Internettechnologien erhöht den Stellenwert der „unmittelbaren Kommunikation" (Reichwald/Piller, 2006: 85; Edmonson et al., 2002: 10f) und wirkt sich zugleich auf sprachstilistische Veränderungen hin zu einer „Sprache der Nähe" (Döring, 2003: 184) aus: Den „informellen" Austausch in Echtzeit kennzeichnet eine „verstärkte Verwendung von Kurzformen, durchgängige Kleinschreibung, [sowie den] Verzicht auf Satzzeichen", darauf abzielend, „Zeit und Aufwand beim Tippen einzusparen" (Döring, 2003: 183). Die Mischung von Fremd-, Fachsprachen und Jargons während der interkulturellen Zusammenarbeit erfordert bestimmte Regeln, damit auch im Rahmen der Online-Kommunikation ein gemeinsames Verständnis geschaffen werden kann. Insbesondere die „Ortsverteilung" (Hertel/Scholl, 2006: URL) der Beteiligten kann zu Störungen und Missverständnissen führen und sich negativ auf die Motivation der Beteiligten auswirken. Garmston (2007) empfiehlt daher die Beachtung von **Regeln**, die sich auf jegliche Art von Kollaboration und somit auch auf jene im virtuellen Raum übertragen lassen. Hierzu zählen u. a. die Schaffung eines angenehmen Konversationsrahmens, in dem offen Fragen gestellt werden können, die direkte Aussprache von Ideen und vor allem die Berücksichtigung sprachlicher Besonderheiten - beispielsweise bei der Beantwortung von Fragen in der jeweiligen Sprache des Gegenübers – gefördert wird (vgl. Garmston, 2007: 69f).

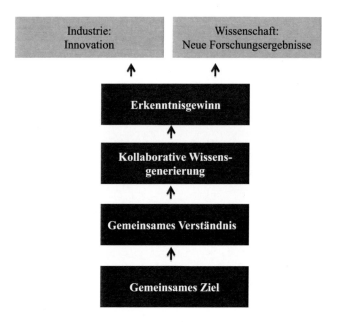

Abb. 5: Phasen und Ziele der kollaborativen Wissensgenerierung (eigene Darstellung)

Der Austausch in virtuellen multikulturell geprägten Umgebungen erfordert somit zunächst die sorgfältige Beobachtung der Kommunikationspartner und sodann die dementsprechende Mitteilung in adäquater Form. Auf diese Weise kann ein gemeinsames Verständnis als Basis für eine erfolgreiche Zusammenarbeit herbeigeführt werden, welches wiederum elementarer Bestandteil kollaborativer Wissensgenerierung und unabdingbar für erfolgreiche wissensbasierte Kollaboration im Bereich der Industrie und Wissenschaft ist (vgl. Abb. 5, S. 21).

Die auf diese Weise geschaffene Basis für die gegenseitige Verständigung „verleiht dem Einzelnen innere Sicherheit und Zufriedenheit, da er erfährt, dass eigene Meinungen und Standpunkte von den Anderen geteilt werden" (Baumann, 2002: 29) und sich somit förderlich auf den vertrauten Umgang innerhalb einer Zusammenarbeit auswirkt. Somit können Normen - die nach Kant eben „nicht individueller Natur" (Fastenrath, 1995: 27) sind, sondern vielmehr für alle Beteiligten gelten - die Schaffung gemeinsamer Werte sowie die Stärkung der „Gruppenkonformität" (Baumann, 2002: 29) bewirken.

> „Je nach der Machtverteilung zwischen den Beteiligten kann Konformität bedeuten, dass sich eine Minderheit den Mehrheitsnormen anpasst, dass die Beteiligten gemeinsam Normen und Sanktionen aushandeln oder dass es im Zuge von Konflikten zu Normveränderungen kommt" (Döring, 2003: 283).

Die Machtverteilung innerhalb einer Kollaboration ist wie bereits erwähnt abhängig vom vorherrschenden Verständnis von Autonomie und dem Umgang mit Kontrolle. In Bezug auf die Definition wissensbasierter Kollaborationen (vgl. Kapitel 2.2) erhält Offenheit bzw. der offene Umgang mit Wissen eine essentiell wichtige Bedeutung, was wiederum organisationskulturelle Rahmenbedingungen betrifft. Nach Reichwald und Piller ist die Distanzierung von streng hierarchischen Strukturen und stattdessen die Gestaltung einer möglichst kooperativen, „offene[n] und dezentrale[n] Ablauforganisation", worin eine „wichtige Voraussetzung für die Bildung von Interaktionskompetenz" besteht, unabdingbar (Reichwald/Piller, 2006: 90). Eine kollaborative Kultur bedingt jedoch nicht zwangsläufig den Verzicht auf Führung, sondern vielmehr die Schaffung eines ausgewogenen Verhältnisses zwischen Selbstorganisation und zentraler Steuerung (vgl. Tapscott/Williams, 2007: 283). Die auf diese Weise erreichte Machtverteilung kann nur durch die organisationale Ausrichtung an eine **Teilautonomie** gewährleistet werden. Übertragen auf große Gemeinschaften meinen Tapscott und Williams damit, dass große Gemeinschaften freiwillig und selbst organisiert zusammenarbeiten, dabei jedoch dennoch „nach klar definierten Normen funktionieren und über klare Verfahren verfügen, um die Aktivitäten der Gruppe zu leiten" (2007: 283). Dies impliziert wiederum eine sinnvolle **Rollenverteilung**, welche die Berücksichtigung interkultureller Gewohn- und Besonderheiten einschließt. Hierbei sei darauf hingewiesen, dass **Rituale** als kulturelle Praktik im Gegensatz zu Kommunikation und Sprache für das „Erreichen der angestrebten Ziele eigentlich überflüssig sind, innerhalb einer Kultur aber als sozial notwendig gelten" (Hofstede, 1993: 23) und somit gerade im Hinblick auf die kollaborative Zusammenarbeit durchaus von Bedeutung sind.

Heutige Internettechnologien stellen eine Reihe von interaktiven Kommunikationsinstrumenten, sogenannte „*Social Software*" (McAffe, 2008: 18), was inzwischen häufig als Synonym für *Web 2.0* (vgl. Kapitel 2.2) verwendet wird, bereit, um „produktiver als je zuvor zu kommunizieren und zu kooperieren" (Tapscott/Williams, 2007: 249). Büffel et al. verstehen unter der sozialen Software „webbasierte Publikations- und Kommunikationsformen [...], die nicht nur als Instrumente für das individuelle und kollaborative Wissensmanagement eingesetzt werden können, sondern neben der reinen Informationsverknüpfung auch dabei helfen, eine soziale Beziehung zwischen ihren Nutzern zu etablieren" (2007: URL). So bilden sich „neue soziale Gruppen, indem Personen in formalen Kontexten in Online-Gruppen eigeteilt werden oder indem sie sich in informellen Kontexten durch regelmäßiges Aufsuchen desselben virtuellen Treffpunkts zu einer Gemeinschaft zusammenschließen" (Döring, 2003: 552). Als Kommunikationsinstrumente spielen hierbei neben *Weblogs*[6] und sozialen Netzwerkdiensten[7] vor allem *Wikis*[8], „Internetseiten, die vom Nutzer nicht nur gelesen, sondern in wenigen Sekunden verändert, ergänzt und kommentiert werden können" (Buhse/ Stamer, 2008b: 253), eine entscheidende Rolle.

> „*They tend to be used in projects where the aim is to get as many contributors as possible and still enable the creation of a unified text*"
> (Höppner, 2010: URL).

Darüber hinaus gewinnen Online-Plattformen, „digitale Umgebungen, in denen Beiträge und Interaktionen global und dauerhaft sichtbar sind" (McAffee, 2008: 18), die mehrere *Web 2.0*-Anwendungen vereinen, zunehmend an Bedeutung. Sofern der Einsatz dieser digitalen Werkzeuge auf Kommunikationsstrukturen basiert, „die in der Lage sind, Diversität zu integrieren (Lévy, 1997: 133), standardisierte Praktiken fördert sowie

---

[6] dt. Übers.: Internet-Tagebuch (vgl. Duden, 2012: URL)

[7] Diese beinhalten u. a. Funktionen zum virtuellen Identitäts- und Kontaktmanagement sowie für den "gemeinsamen Austausch" (Koch/Richter, 2009: 54).

[8] aus dem Hawaiianischen *wiki wiki*: schnell (vgl. Duden, 2012: URL)

eine teilautonome Organisationsform zulässt, können die neuen Techniken maßgeblich zur Schaffung einer kollaborativen Kultur beitragen.

Standardisierung	Teilautonomie
gemeinsame Sprache	faire Rollenverteilung
Rituale	allgemeingültige Regeln

Tab. 3: Teilbedingungen einer kollaborativen Kultur (eigene Darstellung)

Sodann können „gewaltige partizipative Plattformen eine Grundlage bilden, auf der große Gemeinschaften von Partnern Innovationen und Werte schaffen" (Tapscott/Williams, 2007: 184) und zugleich weltweit verteilten Personen die Beteiligung an Erkenntnisprozessen ermöglichen. Im viertel Kapitel wird dargelegt, auf welche Weise diese Plattformen gegenwärtig in der Industrie und Wissenschaft genutzt werden und inwiefern dabei die zuvor identifizierten kollaborativen Kulturfaktoren (vgl. Tab. 3) berücksichtigt werden.

4. Wissensbasierte Kollaborationen in Industrie und Wissenschaft

Die permanent zunehmende Anzahl von Kollaborationsarten im Internet macht es unmöglich, im begrenzten Rahmen dieser Arbeit eine vollständige Übersicht bezüglich aller derzeit zu beobachtender Phänomene zu präsentieren. Im Folgenden soll sich nach einer kurzen Erläuterung der veränderten Kommunikations- und Erkenntnisprozessen im Bereich der Industrie und Wissenschaft auf die Darstellung ausgewählter Initiativen aus beiden Bereichen beschränkt werden, indem diese vorab anhand der Zugangsart für die jeweils Beteiligten klassifiziert werden. Die vorgestellten verschiedenen Arten wissensbasierter Kollaborationen belegen dabei, inwiefern sich Wissensgenerierungs- und somit auch Arbeitsprozesse bedingt durch einen veränderten Umgang mit Wissen verändert haben. Anschließend wird überprüft, inwiefern die untersuchten Kollaborationen die im vorausgegangenen Kapitel erörterten Bedingungen einer kollaborativen Kultur erfüllen. Da in dieser Arbeit ein Schwerpunkt auf die Untersuchung von wissensbasierten Kollaborationen im Bereich der Wissenschaft gelegt wird, wird sich auch im Rahmen der kritischen Betrachtung vor allem auf die Betrachtung jener konzentriert.

4.1 Web 2.0-Einsatz in Industrie und Wissenschaft

Die im Folgenden untersuchten wissensbasierten Kollaborationen aus den Bereichen der Wirtschaft und Wissenschaft haben gemeinsam, dass durch die jeweilige virtuelle Zusammenarbeit neue Erkenntnisse gewonnen werden, die ein einzelner Kollaborateur nicht erlangen könnte und die vielmehr erst durch das zusammengetragene Wissen mehrerer Beteiligter zu einer erfolgreichen Idee oder Problemlösung und somit zu neuen Erkenntnissen führen. Sowohl in der Industrie als auch in der Wissenschaft haben Institutionen mit einer steigenden Komplexität von Aufgaben und dem zunehmenden globalen Wettbewerbsdruck zu kämpfen. Die Entwicklung erfolgreicher neuer Produkte, Dienstleistungen oder Geschäftsmodelle gleichwie die Erreichung neuartiger Forschungserkenntnisse (vgl. Kapitel 2.3) erfordert inzwischen die Nutzung alternativer Modelle, um einerseits Innovationen und andererseits nachhaltig überzeugende Problemlösungen bzw. Forschungsergebnisse zu erschaffen. Dies wiederum impliziert den veränderten Umgang mit individuellem Wissen. Das Internet, insbesondere *Web 2.0*-Instrumente, sind dabei von essentieller Bedeutung, da diese wie bereits erwähnt die vernetzte Kommunikation sowie den Wissensaustausch in hoher Geschwindigkeit ermöglichen und somit die Erkenntnisfähigkeit erheblich fördern (vgl. Kapitel 3.2). Während der Suche nach den besten, vielfältigsten sowie global verteilten Ideen und Problemlösungen unterstützt der Einsatz von Internettechnologie neue Kommunikationsformen, ermöglicht die Überschreitung von sowohl institutionellen als auch fachlichen Grenzen und führt schließlich zu veränderten Arbeitsprozessen im jeweiligen Bereich.

In der Industrie wird ein Unternehmen, dass die interaktiven Informations- und Kommunikationstechnologien im Rahmen seiner internen und externen Kommunikation einsetzt, als *„Enterprise 2.0"* (Buhse/ Stamer, 2008) bezeichnet. *„Open Innovation"* (Gassmann, 2010; Reichwald/Piller, 2006), die Öffnung des Innovationsprozesses, steht ferner - als Gegenentwurf zu traditionellen geschlossenen Forschungs- und Entwicklungsabteilungen - zum einen für die Nutzung unternehmensexternen Wissens, zum anderen für die Verwertung des im gesamten Unternehmen und ggf. global verteilten Wissens der eigenen Mitarbeiter.

Auch im Bereich der Wissenschaft gewinnt der Einsatz von *Web 2.0*-Technologien zunehmend an Bedeutung. *E-Science*[9] und *Science 2.0*[10] bezeichnen dementsprechend die interaktive Kommunikation bezüglich wissenschaftlicher Arbeitsprozesse in Echtzeit. Wissenschaftliche Institutionen nutzen den technischen Fortschritt einerseits um unter Einbezug der Öffentlichkeit nach innovativen Problemlösungen suchen zu können, andererseits, um unter Experten orts- und zeitunabhängig kollaborativ neues Wissen zu konstruieren. Beide Phänomene können der sogenannten *„Open Science"*-Bewegung (Nielsen, 2012) zugeordnet werden. Im Sinne der Vorstellung von einer „offenen Wissenschaft" impliziert der Begriff *Open Science* die Veröffentlichung von entweder einzelnen Phasen oder aber der offenen Darlegung des gesamten Forschungsprozesses. Abb. 6 (S. 27) zeigt den Verlauf eines klassischen Arbeitszyklus, vereinfacht in vier Phasen dargestellt. Traditioneller Weise öffnet sich der Arbeitsprozess erst mit der Veröffentlichung der Forschungsergebnisse während der letzten Phase für jegliche externen Interessengruppen.

Der zentrale Motivationsaspekt bezüglich wissens- und webbasierter Kollaborationen liegt für die jeweiligen institutionellen Fragen- bzw. Aufgabensteller in der enormen Zeitersparnis bei gleichzeitigem Miteinbezug möglichst vielfältigen und verteilten Wis-

---

[9] Bezeichnung für elektronisch vermittelte bzw. internetgestützte wissenschaftliche Prozesse (vgl. Nielsen, 2012)

[10] vgl. *Web 2.0*, Kapitel 2.2

sens. Ziel ist es, durch die Nutzung des virtuell sowie kollaborativ generierten Wissens den Erkenntnisgewinn zu beschleunigen. Im Folgenden wird beschrieben, auf welche Weise dies gegenwärtig in der wirtschaftlichen und wissenschaftlichen Praxis umgesetzt wird.

Abb. 6: *Zyklus des Forschungsarbeitsprozesses (eigene Darstellung)*

4.2 Öffentliche Initiativen

In diesem Kapitel wird auf wissensbasierte Kollaborationen eingegangen, deren Beteiligte sich im Internet zusammenfinden, um unentgeltlich und kollaborativ neues Wissen für einen institutionellen Auftraggeber bzw. -steller zu generieren. Das Auslagern von Aufgaben- sowie Problemstellungen in den öffentlichen Raum des Internets, wo diese auch für Laien frei zugänglich sind, zielt darauf ab, das intellektuelle Kapital einer organisationsexternen großen Anzahl von Personen aus verschiedensten Kulturkreisen, der meist anonymen *Crowd*, für die institutionseigenen Interessen zu nutzen. Mithilfe dieser sogenannten „*Crowdsourcing*[11]"-Methode (Gassmann, 2010) nutzen Unternehmen und wissenschaftliche Institutionen das Wissen einer unbestimmten Menge von Internetnutzern zwecks der Schaffung von neuen Ideen und Erkenntnissen. Neben den beiden im Folgenden thematisierten Formen der wissensbasierten Zusammenarbeit gibt es eine Vielzahl weiterer *Crowdsourcing*-Arten, zu denen u. a. unabhängige Intermediär-[12] und Marktplatz-Plattformen, im Rahmen derer mehrere Unternehmen Aufgaben einstellen und Kreativ-Wettbewerbe veranstalten können, gehören. Für weiterführende Studien empfiehlt sich Gassmanns (2010: 15) Überblick bezüglich populärer Initiativen.

4.2.1 Crowdsourcing in der Industrie

Um nachhaltig erfolgreiche Produkte auf den Markt bringen zu können, greifen inzwischen immer mehr Unternehmen darauf zurück, sowohl die Erforschung als auch die Umsetzung neuer Produktideen - noch vor dem Start jeglicher unternehmensinterner Entwicklungsprozesse - in deren jeweiligen „Anwendungs- und Nutzerkontext" (vgl. Monse/Weyer, 1999: 98f) einzubetten, um diesen entsprechend berücksichtigen zu können. Unternehmenseigene *Crowdsourcing*-Plattformen funktionieren, indem Unternehmen Fragen oder Aufgaben im Internet veröffentlichen, um diese von der *Crowd* beantworten bzw. kollektiv bearbeiten zu lassen. Dabei können sowohl Ideen gefunden als auch einzelne Schritte des Produktentwicklungsprozesses umgesetzt werden:

> „Typische Ziele von *Crowdsourcing*-Projekten sind die Generierung von innovativen Inhalten, Lösungen, Ideen oder Konzepten für neue Produkte, Dienstleistungen, Geschäftsmodelle und Prozesse" (Gassmann, 2010: 132).

In diesem Sinne nutzt auch die *Starbucks Coffee Company*, ein auf Kaffeeprodukte spezialisiertes Einzelhandelsunternehmen inzwischen die kollaborative Wissensgenerierung seiner Kunden. Besucher der Plattform *My Starbucks Idea* (siehe Abb. 7, S. 27) werden nicht nur dazu anregt, Ideen für neue oder Verbesserungsvorschläge bezüglich bereits existierender Produkte kundzutun, sondern können diese auch in Echtzeit im Rahmen einer *Community*[13] diskutieren und neue Beiträge gegenseitig bewerten. Weniger passende Beiträge können somit schnell aussortiert, vielversprechende Ideen hingegen kollaborativ weiterentwickelt werden. Auf diese Weise werden beispielsweise über

---

[11] zusammengesetzter Begriff aus dem Englischen, vgl. *source* und *crowd* (Duden, 2012: URL)

[12] Im Kontext von *Crowdsourcing* Bezeichnung für Vermittler zwischen Ideengebern und –nehmern

[13] engl. Bezeichnung für eine Gemeinschaft im Internet (vgl. Oxford English Dictionary, 2012: URL)

29.000 Ideen für ein Heissgetränk gesammelt, die anschließend vom Unternehmen überprüft und in eine Produktinnovation umgewandelt werden können (vgl. Starbucks Corporation, 2012: URL).

Statt die unternehmenseigene Forschungs- und Entwicklungsabteilung mit der Suche nach innovativen Lösungen zu beauftragen, wird somit auf den besonderen Mehrwert des Einbezugs von externem Wissen abgezielt. Hierbei kommt es zunächst zum *Outsourcing*, der Veröffentlichung von Fragen und Problemen eines Problems im Internet, um sodann die „Weisheit der Vielen" (Surowiecki, 2007) für Produktentwicklungen oder –verbesserungen zu nutzen. Sobald die potentiellen Produktnutzer ihr Wissen teilen, erfährt das Unternehmen von den wahren Kundenwünschen und –bedürfnissen. Die Motivation der freiwilligen Kreativen und Tüftler manifestiert sich darin, dass diese selbst zur Entstehung eines ihren persönlichen Bedürfnissen entsprechenden Produkts beitragen können. Entscheidend dabei ist der Aspekt der Einzigartigkeit der Innovation, der mit dem Einbezug kollektiver Intelligenz einhergeht.

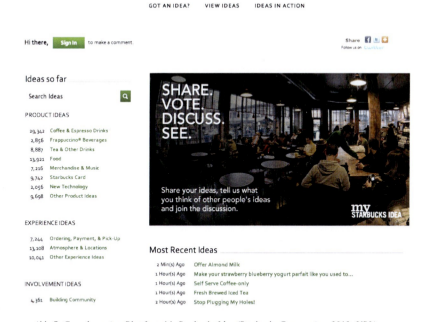

Abb. 7: Crowdsourcing-Plattform My Starbucks Idea (Starbucks Corporation, 2012: URL)

Unternehmen hingegen profitieren von „neue[n] Potentiale[n] zur effizienten Differenzierung im Wettbewerb durch individualisierte und/oder innovative Produkte" (Reichwald/Piller, 2006: 44). Die so geschaffene Nähe zum Markt bzw. zu den Kunden wirkt wiederum den Unsicherheiten, mit denen jede unternehmerische Innovation behaftet ist (vgl. Kapitel 2.3), entgegen. Jegliche Risiken werden kalkulierbarer. Auf diese Weise verändert sich die Rolle des Kunden im Innovationsprozess erheblich. Indem neue, ehemalige oder zukünftige Kunden die Möglichkeit erhalten, mitzubestimmen und in den Innovationsprozess einzugreifen, haben sich Konsumenten zu „*prosumers*[14]" entwickelt (vgl. Höppner, 2010: URL). Der frühzeitige Miteinbezug dieses *prosumer knowledge* führt zur Aufweichung traditioneller Wertschöpfungsketten. Bereits 2009 belegte eine Studie von Grant Thornton (URL), dass die erfolgreichsten Ideen bei 54 Prozent der befragten Unternehmen aus den Ideen der Kunden hervorgingen - dicht gefolgt von den Ideen der Mitarbeiter[15]. Dies belegt die Annahme, dass der Einbezug von unternehmensexternem Wissen – die Öffnung des Innovationsprozesses - maßgeblich zum Erkenntnis- und Innovationserfolg eines Unternehmens beitragen kann. Auch wenn das Konzept der Kundenbeteiligung nicht wirklich neu ist - durch den Einsatz von *Web 2.0*-Technologien hat sich deren Wirkungsgrad und Reichweite inzwischen erheblich vergrößert.

4.2.2 Crowdsourcing in der Wissenschaft

Lange Zeit galt es als selbstverständlich, dass die Sammlung und Erforschung von Daten ausschließlich im Elfenbeinturm der Intelligenten stattfand (vgl. Kapitel 3.1). Inzwischen zeichnet sich vor allem im Bereich der naturwissenschaftlichen Praxis der Trend zur kollektiven Anhäufung und Analyse von riesigen Datenmengen im Internet neben der Durchführung kleiner Experimente im realen und verschlossenen Raum ab. Polanyi stellte bereits Jahrzehnte zuvor fest, dass es sich in der Wissenschaft „um das Sammeln beobachtbarer Tatsachen, von deren Richtigkeit sich jedermann überzeugen kann" handelt (1985: 60). Dass „jedermann" - somit auch jeder Laie - sich nicht nur davon „überzeugen", sondern sich vielmehr auch aktiv an wissenschaftlichen Arbeitsprozessen beteiligen kann, beweist das „*Citizen Science*"-Phänomen (Nielsen, 2012). *Citizen Scientists* teilen ihr Wissen inzwischen im Rahmen von Online-Plattformen mit professionellen Forschern, indem sie diese bei der Sammlung, Klassifizierung und Kombina-

---

[14] vgl. aus dem Englischen *prosumer*: Verbraucher, die gleichzeitig Produzenten sind (Oxford English Dictionary, 2012: URL)

[15] vgl. Kapitel 4.3.1

tion von Daten unterstützen. Auf diese Weise generiert eine riesige weltweit verteilte Menge von ehrgeizigen Freiwilligen neues Wissen, indem sie ihre persönliche Umwelt nicht nur beobachtet sondern auch im Rahmen eines vorgegebenen Kontexts bewertet und letztlich einen wesentlichen Beitrag zur Lösung komplexer wissenschaftlicher Probleme leistet. Abzugrenzen ist diese Art der wissensbasierten Kollaboration von *Citizen Science*-Projekten, bei denen eine große Anzahl von Internetnutzern im Dienste der Wissenschaft unentgeltlich klimatischen Veränderungen dokumentiert oder eigene Gesundheitsdaten zur Verfügung stellt, da hierbei lediglich Informationen weitergegeben werden und es keiner Teilung von *Wissen* bedarf (vgl. Kapitel 2.2). Die Ursprünge der *Citizen Science*-Bewegung führen bis weit ins vergangene Jahrhundert zurück als vor allem im Bereich der Astronomie, Vogelkunde und Archäologie wichtige Erkenntnisse gewonnen werden konnten, die auf dem geteilten Wissen fleißiger Amateure beruhten. Das Engagement im realen Raum ist bis heute zu beobachten: Auch im letzten Jahr konnte der deutsche Naturschutzbund wieder auf den Einsatz von Tausenden Vogelfreunden zählen, als es darum ging, die jährliche kollektive Vogelzählung zu unterstützen (vgl. Proplanta, 2011: URL). Die Beteiligung von Laien und Hobbyforschern an wissenschaftlichen Praktiken ist somit kein völlig neues Phänomen, hat jedoch in jüngster Vergangenheit durch das Internet und die damit verbundenen interaktiven Kommunikationsmöglichkeiten eine neue Dimension erreicht.

> „Große, offene Gemeinschaftsprojekte wie das *Human Genome Projekt*[16] wären innerhalb des gegebenen Zeitrahmens ohne das Internet und das Auftauchen dezentraler Systeme zur Gewinnung, Rezension und Verbreitung von Wissen natürlich nicht möglich gewesen" (Tapscott/Williams, 2007: 161).

Web 2.0-Technologien tragen nicht nur zur beschleunigten Erfassung von weltweit verteilten wissenschaftlichen Daten bei, sondern stellen auch die technischen Möglichkeiten für den sofortigen Austausch bezüglich interpretations- sowie erklärungsbedürftiger Probleme und somit für die kollaborative Generierung von Wissen bereit. Gerade indem es Laien ermöglicht wird, Kommentare und Rückfragen in Echtzeit abzugeben bzw. zu stellen, wird die Effizienz und Qualität der neuen Erkenntnisse maßgeblich gefördert.

4.2.3 Bewertung hinsichtlich kollaborativer Kulturfaktoren

Bezüglich des Erfolgs wissensbasierter Kollaborationen sind im Rahmen des *Crowdsourcings* eine Reihe von Einflüssen entscheidend. Die folgende kritische Be-

---

[16] vgl. http://www.ornl.gov/sci/techresources/Human_Genome/home.shtml

trachtung beschränkt sich auf die zuvor identifizierten Erfolgsfaktoren einer kollaborativen Kultur, die als Voraussetzung für das Vertrauen und somit die Motivation der Beteiligten gilt (vgl. Kapitel 3.2). Im Folgenden wird anhand eines ausgewählten *Citizen Science*-Projekts untersucht, inwiefern standardisierte Praktiken und die organisatorische Ausrichtung im Sinne einer Teilautonomie im Rahmen öffentlicher *Crowdsourcing*-Initiativen berücksichtigt werden. Vorab sei bemerkt, dass Fragen der Machtdistanz hierbei grundsätzlich eine geringe Rolle spielen, da Laien an Erkenntnisprozessen teilnehmen ohne Mitglied einer Organisation zu sein.

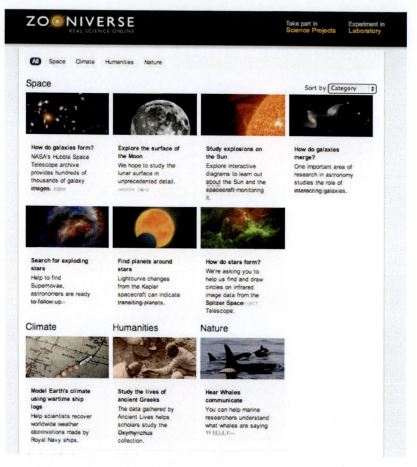

Abb. 8: Die Online-Plattform Zooniverse als Heimat großer Citizen Science-Projekte (Zooniverse, 2012:URL)

Zooniverse, eine der beliebtesten Plattformen unter *Citizen Scientists*, auf der Forschungsfragen aus dem naturwissenschaftlichen Bereich gleichwie geisteswissenschaftliche Probleme veröffentlicht werden (siehe Abb. 8, S. 30), ist auf die Unterstützung und das Wissen einer großen Menge von freiwilligen Helfern durchaus angewiesen: Projekte wie *SETI*[17] *Live,* bei dem es um die Suche nach außerirdischen Lebenszeichen bzw. die Klassifizierung von Funkmustern aus dem Weltall geht, erfordern insbesondere menschliche Fähigkeiten, da derartige Prozesse nicht automatisiert ablaufen können (vgl. SETI Live, 2012: URL). In Echtzeit werden die Daten der vom Weltraumteleskop Kepler entdeckten Planeten mit dem *Allen Telescope Array (ATA)* des *SETI* Instituts auf den Heimrechner übertragen, wo sie von der wissensbasierten Kollaboration bestehend aus fleißigen Helfern sogleich zugeordnet sowie bewertet werden können (siehe Abb. 9).

Abb. 9 : Klassifizierung neuer Schallsignale in Echtzeit (Setilive, 2012: URL)

Sobald mehrere Nutzer den gleichen Hinweis auf eine besondere Entdeckung weiterleiten, gewinnen die Forschungsexperten des Instituts aufgrund der Mitarbeit von Tausenden Amateuren wertvolle neue Erkenntnisse. Die Datenübertragung via Internet ist so-

---

[17] Abkürzung für *Search for Extraterrestrial Intelligence* (SETI Live, 2012: URL)

mit auch für die kollektive Wissensgenerierung beim *SETI Live*-Projekt, das bereits im März 2012 – innerhalb einer Woche nach Start – weltweit 32.000 Nutzer verzeichnen konnte, von essentieller Bedeutung (SETI Quest, 2012: URL). Trotz dieser durchaus beeindruckenden Teilnehmerzahlen stehen Projekte dieser Art auch einigen Herausforderungen gegenüber, die wiederum auf kulturelle Faktoren zurückzuführen sind.

Der Einbezug von Laien erfordert aus institutioneller Sicht zum einen den „Mut, vom Prinzip der Zuständigkeit einzelner Experten abzurücken und sie durch die Intelligenz der Masse zu ersetzen" (Täubner, 2011: 58); zum anderen impliziert dies eine „Zunahme von Komplexität und Unbestimmtheit" (Blättel-Mink, 2010: 137). Denn sowohl bei jeglichen unternehmerischen *Crowdsourcing*-Initiativen, der „Aufnahme fremden Wissens zum Zweck der eigenen Kommerzialisierung" (Gassmann/Friesike, 2012: 54), als auch bei *Citizen Science*-Projekten bleiben die Beitragenden meist anonym. Da mit der Anonymität das Verantwortungsbewusstsein gegenüber dem geteilten Wissens sinkt, stellt auch die Qualitätssicherung der kommunizierten Daten für die Absender der Produkt- oder Forschungsfragen eine anspruchsvolle Aufgabe dar. Hinsichtlich der für eine kollaborative Kultur erforderlichen Konformität kann die Anonymität der Kollaborateure zum Problem der „sozialen Faulheit" (Baumann, 2002: 52) führen, d.h., es kommt zu einem Leistungsabfall des Einzelnen, sobald mehrere Personen mit ähnlicher Leistungsstärke aufeinandertreffen: „Wenn Vergleichsprozesse mit anderen fehlen" oder der Einzelne „in einer gewissen Anonymität des Kollektivs untergeht", begünstigt dies die „Neigung, sein volles Leistungspotenzial [...] nicht auszuschöpfen" (Baumann, 2002: 52). Dem versucht man bei *SETI Live* mittels der Aufforderung, einer Diskussionsgruppe bzw. der *Community* beizutreten (siehe Abb. 10, S. 31), entgegenzuwirken. So können sich die Nutzer im Anschluss an die Klassifizierung neuer Schallsignale über ihre Entdeckungen austauschen.

Abb. 10: Diskussionsangebot und Weiterleitung zur Community (SETI Live, 2012: URL)

Die *Community*-Funktionen scheinen hierbei mehrere Zwecke zu erfüllen. Sobald es gelungen ist, Freiwillige zur Mitarbeit zu motivieren, gilt es, *Citizen Scientists* unter Berücksichtigung ihrer diversen Wissens- und Kulturhintergründe zielgerichtet anzusprechen. Dabei genügt es nicht, lediglich eine vor allem jüngere Nutzer ansprechende – da Design und Funktionen einem Computerspiel ähneln - Plattform bereitzustellen. Vielmehr geht es darum, dass die Nutzer sich in der virtuellen Umgebung zurechtfinden. Die ausschließliche Kommunikation in englischer Sprache stellt dabei eine standardisierte Funktion dar, gerade die Verwendung von wissenschaftlichen Fachausdrücken kann jedoch zu Verwirrung und Unsicherheit unter den Nutzern führen und wirkt sich schließlich demotivierend aus (siehe Abb. 11, S. 32). An dieser Stelle sei darauf hingewiesen, dass die wichtige Bedeutung einer gemeinsamen Sprache auch bei unternehmenseigenen *Crowdsourcing*-Plattformen nicht zu unterschätzen ist:

> „Hat der Nutzer [...] die für seine Bedürfnisse optimale Problemlösung entwickelt, überträgt er diese an den Hersteller. Ein solcher Transfer bedingt eine fehlerfreie Übersetzung der Kundenlösung in die ‚Sprache' des Herstellers"
> (Reichwald/Piller, 2006: 167).

Die Gründe derartiger Verständnisprobleme sind bei *SETI Live* mitunter auf die Organisationsform zurückzuführen. Die Initiative wird zwar zentral von einem kleinen Forschungsinstitut mit Sitz im kalifornischen Mountain View gesteuert, wobei sich die Nutzer im Rahmen der *Community* durchaus selbst organisieren können.

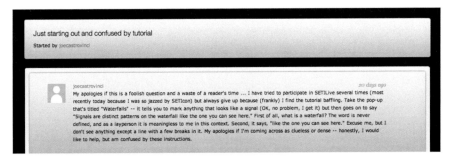

Abb. 11: Nutzer-Rückfrage aufgrund von Verständnisproblemen (SetiLive, 2012: URL)

Eine kurzgefasste Anleitung („*tutorial*"; vgl. Abb. 11) klärt Nutzer darüber auf, wie sie ihre Erkenntnisse am besten zu beschreiben haben. Auf ausführliche Erklärungen wird verzichtet, da es den Administratoren der Plattform vielmehr darum zu gehen scheint, die Nutzer erst einmal selbst ausprobieren zu lassen, statt sie mit zu vielen fachspezifischen Erläuterungen oder Regeln zu konfrontieren. Indem die Verantwortlichen in den

Hintergrund treten, riskieren sie zwar Verständnisprobleme der Nutzer, sorgen jedoch zumindest für eine klare Rollenverteilung.

Viele offene Initiativen im Internet scheitern letztlich, da es ihnen nicht gelingt, eine ausreichende Nutzeranzahl zu animieren, ihre Ideen und Lösungsvorschläge kundzutun. Auch wenn sich im Bereich der Industrie „kein Unternehmen [...] den Ruf eines ‚Ausbeuters' zuschreiben lassen" (Gassmann, 2010: 139) möchte, hegen viele Freiwillige den Verdacht bei der „Abgabe von Wissen, sodass es von anderen verwendet werden kann" (Gassmann/Friesike, 2012: 54), als kostensparende Arbeitskraft ausgenutzt zu werden. Der Einsatz bei unternehmenseigenen *Crowdsourcing*-Projekten wird meist materiell vergütet, im wissenschaftlichen Bereich ist lediglich die Anerkennung in Form von Reputation möglich (vgl. Kapitel 3.1) – womit sich folglich auch die enthusiastischen Hobbyforscher abfinden müssen. Dennoch weist das *SETI-Live*-Projekt derzeit über eine Million registrierte Nutzer auf (vgl. SETI Live, 2012: URL), die sich scheinbar schlichtweg aus persönlicher Neugier wissenschaftlich engagieren. Als Belohnung winken im Sinne eines Punktebewertungsverfahrens sogenannte *Badges* (siehe Abb. 12, S. 34) für jede neue erreichte Stufe auf dem Weg zum gemeinsamen Ziel. Dieses Belohnungsritual soll einen symbolischen Anreiz bieten, Nutzer langfristig an das Projekt zu binden, indem dazu angeregt, so viele Punkte wie möglich zu sammeln bzw. möglichst viele Bilder zu klassifizieren.

Abb. 12: Badges als Belohnung für erfolgreiche Klassifizierungen (Setilive, 2012: URL)

Die der Wissenschaftskultur entsprechende Anerkennung in Form von Zitationen der kollektiv generierten Erkenntnisse ist bislang eher eine Ausnahme als die Regel. Nur in seltenen Fällen werden die Arbeitsergebnisse der wissensbasierten Kollaboration im Rahmen von weiterführenden Projekten veröffentlicht. Bei über einer Million klassifizierter Galaxien kann beispielsweise *Galaxyzoo* als erstes Projekt der *Zooniverse*-Plattform bis heute lediglich 20 wissenschaftliche Artikel in Fachjournalen, von denen wiederum weniger als die Hälfte tatsächliche Leistungen von *Citizen Scientists* erwähnen, vermerken (vgl. Galaxyzoo, 2012: URL).

Somit lässt sich festhalten, dass die kulturelle Bedingung der Teilautonomie bei öffentlichen Initiativen trotz zentraler Steuerung durch die Bereitstellung zahlreicher *Community*-Funktionen, welche wiederum die Selbstorganisation ermöglichen, durchaus erfüllt wird. Die wichtige Bedeutung einer gemeinsamen Verständigung wird hingegen in eben diese *Community*, in der wohlmöglich zumindest Nutzer mit gleichem Wissensstand eine gemeinsame Sprache sprechen, verlagert. Die regelmäßige Auszeichnung mit Belohnungspunkten kann sich als Ritual im Sinne standardisierter Praktiken wiederum förderlich auswirken.

4.3 Initiativen innerhalb einer Gemeinschaft

In diesem Kapitel werden wissensbasierte Kollaborationen untersucht, die zwar aufgrund ihrer Formierung innerhalb einer institutionellen Gemeinschaft einen beschränkten Zugang aufweisen, aber dennoch über Orts- und Fachbereichsgrenzen hinweg kollaborativ Wissen generieren.

> „Wird [...] lokales Wissen nicht nur lokal angewendet, sondern mit lokalem Wissen aus anderen Quellen zusammengebracht, kann Innovation auf einer höheren Ebene resultieren" (Reichwald/Piller, 2006: 90).

Im Bereich der Industrie soll hierbei auf die wachsende Anzahl von Unternehmen, die ihren Innovationsprozess für alle Mitarbeiter - unabhängig von deren Abteilungszugehörigkeit - mithilfe von Internettechnologien öffnen, eingegangen werden. Bezüglich Initiativen innerhalb der wissenschaftlichen Gemeinschaft wird das Phänomen der internationalen Zusammenarbeit von Forschungsexperten, die sich ausschließlich im virtuellen Raum begegnen, betrachtet.

4.3.1 Kollaborative Wissensgenerierung im Unternehmen

Zunehmend lassen vor allem global agierende Unternehmen mit weltweit verstreuten Mitarbeitern nicht nur einzelne Teams, sondern ganze Abteilungen oder sogar gesamte Firmen ausschließlich über das Internet zusammenarbeiten. „*Cloud Working*" meint, dass „Menschen über Kontinente verteilt in Echtzeit an einer Aufgabe arbeiten, als säßen sie in einem Büro" (vgl. Dettmer/Dohmen, 2012: 62). Zurückzuführen ist dies auf den Wandel des Arbeitswesens, der sich darin zeigt, dass „soziale Kompetenz [...] gefragter, [...] Zeitdruck [...] größer, die technologische Kompetenz [...] wichtiger und der geografische Standort" hingegen irrelevant geworden sind (vgl. Tapscott/Williams, 2007: 248). Die vor allem bei international operierenden Unternehmen zu beobachtende

„Virtualisierung von Organisationen" (Probst et al., 2003: 171) geht mit der Nutzung einer Reihe neuer Kommunikationsmedien einher. Die 2010 veröffentlichte Studie von Centrestage (URL) belegt, dass bei 65 Prozent der Befragten *Web 2.0*-Instrumente insbesondere den Austausch von Wissen innerhalb des Unternehmens unterstützen.

Die Nutzungsbereitschaft der Mitarbeiter gegenüber den neuen Medien hat wiederum auch den Weg für den Einsatz unternehmensinterner Wissensmanagement- und Innovationsplattformen, die neben dem unternehmenseigenen *Crowdsourcing*-Aktivitäten eine weitere *Open Innovation*-Initiative darstellen, geebnet. Somit stehen den weltweit verteilten Mitarbeitern von Großkonzernen eine Vielzahl von Möglichkeiten zur Verfügung, ihr Wissen anwendungsorientiert einzubringen.

> „Der Trend vom individuellen Arbeitsplatz zu kollektiven Arbeitsformen macht Wissens(ver)teilung zu unerlässlichen Voraussetzung effizienten Managements" (Probst et al., 2003: 171).

So teilen Angestellte ihr Wissen inzwischen im Rahmen eines für alle im Unternehmen Beschäftigten zugänglichen *Wiki*s, wo es bearbeitet und erweitert werden kann oder bringen es direkt bei internen virtuellen Ideenwettbewerben ein. Ziel hierbei ist es, kollaborativ Ideen zu generieren, mit denen unternehmensinterne Probleme gelöst werden können oder aber Vorschläge für innovative Produkte, Dienstleistungen und sogar neue Geschäftsbereiche zu sammeln.

> „Ein Unternehmen kann nur dann Werte schaffen, wenn mehrere Unternehmensbereiche Hand in Hand arbeiten. Also kann Innovation nicht die Aufgabe einer einzigen Abteilung sein" (von Heimburg, 2011: 20).

Gerade bei Großkonzernen werden Ideen von weniger präsenten Mitarbeitern entweder wegen hierarchischer Strukturen oder aufgrund räumlicher Distanz oftmals leicht übergangen. Diesem Problem können Innovationsplattformen entgegenwirken: Im Gegensatz zu klassischen „Wissensmanagement-Systemen" (Probst et al., 2003) wird der Informationsfluss nicht zentral, sondern vielmehr durch die Partizipation der einzelnen Mitarbeiter über alle Orts-, Fach- und Abteilungsgrenzen der Organisation hinweg gesteuert. Buhse und Stamer merken an, dass „je besser [...] ein ganzes Unternehmen relevante Themen durchdringt und verschiedene Perspektiven zusammenbringt, desto eher wird es auch den Weg für Innovationen ebnen" (2008a: 247). Hierbei erhält besonders der Einbezug der Meinung von Mitarbeitern, die eine erst kurze Betriebszugehörigkeit haben, eine wichtige Bedeutung, da diese einen erheblichen Beitrag zur Wissensgenerierung leisten können. Neue Mitarbeiter bringen ihr Wissen ein ohne lediglich das, was die bereits seit langer Zeit Beschäftigten beitragen, zu wiederholen - der „Zugewinn ergibt sich aus ihrer Andersartigkeit" (Surowiecki, 2007: 58). Hierbei erhält zudem die Tatsache, dass innerhalb eines Unternehmens - auch unabhängig von Fremdsprachen - abteilungs- und fachbedingt verschiede Sprachen gesprochen werden, Relevanz.

> „Es ist die Aufgabe jedes Einzelnen, die Sprache, aber auch die Herausforderungen des anderen Lagers zu verstehen" (Friesike/Gassmann, 2012: 227f).

Nur wenn ein gegenseitiges Verständnis vorherrscht, kann gewährleistet werden, dass es „Mitarbeitern gelingt, durch erfolgreiche Kontaktaufnahme und einen erstmaligen Austausch von Wissen vorher unentdeckte Überschneidungen in ihren Interessengebieten auszudecken" (Probst et al., 2003: 161).

Ein Beispiel für die erfolgreiche unternehmensinterne kollaborative Wissensgenerierung ist die *Business Innovation Community*, das *Web 2.0*-Portal des Stuttgarter Automobilherstellers *Daimler AG*, in dem seit 2008 über 20.000 registrierte Mitarbeiter ihr Wissen teilen, indem sie ihre Ideen für innovative Geschäftslösungen einreichen (vgl. Schleidt, 2011: 8f). Im Rahmen der Plattform treffen weltweit verteilte Mitarbeiter Hierarchie- und Bereichsgrenzen übergreifend auf „Kollegen, die sich im täglichen Leben vermutlich nie treffen würden" (Daimler Blog, 2008: URL), um über Ideen zu diskutieren und diese kollaborativ weiterzuentwickeln, so dass diese letztlich in Innovationen umgewandelt werden können.

Der Nutzen der wissensbasierten Kollaboration für Unternehmen besteht dabei darin, aufgrund des schnellen Wissensaustauschs unter den Mitarbeitern doppelten Arbeitsaufwand zu vermeiden (vgl. McAffee, 2008), „Kosten zu senken, Gemeinschaft aufzubauen, Entdeckungen zu beschleunigen" (Tapscott/Williams, 2007: 284) und schließlich auch die Erreichung von „mehr Authentizität und Respekt" (Tapscott/Williams, 2006: 265) bzw. die „Chance einer höheren gesellschaftlichen Akzeptanz von Innovationen" (Blättel-Mink, 2010; 138).

> „Der Erfolg von *Enterprise 2.0* wird weitgehend durch menschliche und nicht durch technische Faktoren bestimmt" (McAffee, 2008: 18).

Damit die praktische Umsetzung gelingt, sind somit auch Unternehmen, die das Wissen ihrer Mitarbeiter nutzen möchten, zur Berücksichtigung kultureller Bedingungen aufgefordert.

4.3.2 Kollaborative Wissensgenerierung unter Wissenschaftlern

Die wachsende Menge von „*Open Access*[18]"-Publikationen (Nielsen, 2012) liefert einen Hinweis darauf, dass die Bereitschaft, Expertenwissen abseits klassischer Fachjournale - die nur über mit Kosten verbundene Abonnements zugänglich sind - durchaus vorhanden ist. Die aktuelle Statistik der Universitätsbibliothek Bielefeld, unter deren Dach *BASE (Bielefeld Academic Search Engine)*, die weltweit größte Suchmaschine für *Open-Access*-Publikationen betrieben wird, listet derzeit 36 Millionen Dokumente offen zugänglicher Forschungsergebnisse (Base, 2012: URL). Internettechnologien ermöglichen jedoch nicht nur die Veröffentlichung von bereits vorhandenem sondern auch die kollaborative Generierung von neuem Expertenwissen. Dabei fördert der virtuelle Zugang zu weltweit vorhandenen Forschungsdaten globale Forschungsarbeit auch über disziplinäre Grenzen hinweg. Hierbei sei darauf hingewiesen, dass es bezüglich der verschiedenen Disziplinen durchaus Unterschiede im Hinblick auf die Kollaborationsbereitschaft gibt. So sind Naturwissenschaftler aufgrund der fachbedingten Möglichkeit Aufgaben in Teilprojekte zu zerlegen seit jeher grundsätzlich aufgeschlossener gegenüber kollaborativer Forschungsarbeit als beispielsweise Geisteswissenschaftler (Thagard, 1997: 244). Zwecks der besseren Veranschaulichung erscheint es somit sinnvoll, im Folgenden primär auf wissensbasierte Kollaborationen, die sich innerhalb naturwissenschaftlicher Disziplinen formieren, einzugehen.

Wo einst in verschlossenen Räumen gearbeitet wurde, um möglichst schnell und vor allem vor allen anderen Kollegen Neues zu entdecken, stehen die Türen mancherorts inzwischen offen. Anhänger der *Open Science*-Bewegung haben es sich zum Ziel gesetzt, die Vorteile der internetbasierten Kommunikationsmöglichkeiten zwecks der Schaffung neuer Erkenntnisse voll auszuschöpfen und Forschungsarbeit aus den Laboren heraus und unmittelbar hinein in die virtuellen Forschungsnetzwerke zu übermitteln (vgl. Nielsen: 2012: 183). Im Folgenden wird dargelegt, inwiefern es dadurch im Sinne der bereits angesprochenen Wissenschaftskultur (vgl. Kapitel 3.1) zu einer Kant'schen „Revolution der Denkart" (Mohr/Willaschek, 1998: 18) kommt, die eine Abkehr von der traditionellen Verschwiegenheit und stattdessen explizite Offenheit bedingt. Hierbei geht es wie bereits erwähnt darum, nicht nur einzelnen Phasen (vgl. Kapitel 4.1), sondern den gesamten Forschungsprozess mit Anbeginn der Arbeitsaufnahme - unter Um-

---

[18] Bezeichnung für öffentlich verfügbare wissenschaftliche Artikel und Forschungsergebnisse (vgl. Nielsen, 2012)

ständen sogar noch während über eine neue Idee für ein Forschungsprojekt nachgedacht wird - öffentlich einsehbar und darüber hinaus von anderen editierbar zu machen (vgl. Nielsen, 2012: 176ff). Sobald mehrere Wissenschaftler gemeinsam an Forschungsprojekten arbeiten, wird der gesamte Forschungs- und somit auch der Erkenntnisgewinnungsprozess beschleunigt. Die Kommunikation in Echtzeit kann sich dabei insbesondere hinsichtlich globaler Forschungskooperationen förderlich auswirken, die bisher aufgrund des verzögerten Wissensaustauschs und des damit verbundenen zusätzlichen Zeitaufwands als eher selten galten (vgl. Surowiecki, 2007: 219). *Web 2.0*-Technologien unterstützen dabei das Zusammenfügen gesammelter Daten bzw. Einzelergebnisse und treiben somit den wissenschaftlichen Fortschritt voran. *Wikis* erfüllen hierbei die Funktion, „Daten auszutauschen, Forschungsberichte zu standardisieren [...] Forschungsberichte kollektiv zu schreiben und zu modifizieren" (Tapscott/Williams, 2007: 160). Als Vorteil gilt gleichwie bei unternehmensinternen Initiativen die Tatsache, dass doppelter Arbeitsaufwand vermieden und schließlich wertvolle Arbeitszeit gespart wird, da der Einzelne nicht mehr bis zur Veröffentlichung der Daten seiner Kollegen warten muss, sondern diese direkt, transparent und effizient von allen Beteiligten weiterverarbeitet werden können. Diese neue Arbeitsweise steht im Gegensatz zur sehr viel zeitaufwendigeren „traditionellen Art der wissenschaftlichen Veröffentlichung" (Tapscott/Williams, 2007: 156), die noch aus dem Europa des 17. Jahrhunderts, in dem die ersten wissenschaftlichen Fachzeitschriften veröffentlicht wurden, stammt (vgl. Nielsen, 2012). Ein zusätzlicher Nutzen ergibt sich bezüglich der beschleunigten Überprüfungsmöglichkeit von Forschungsarbeiten, indem jegliche Fehler im Forschungsprozess im Kollektiv wesentlich schneller entdeckt werden können.

Dem Mehrwert, den die wissensbasierte Kollaboration von Forschern leistet, stehen jedoch auch einige kulturell bedingte Probleme gegenüber, welche im Folgenden erläutert werden.

4.3.3 Bewertung hinsichtlich kollaborativer Kulturfaktoren

Genau wie öffentliche Erkenntnisprozesse stehen auch Kollaborationen innerhalb einer geschlossenen Gemeinschaft vor zahlreichen Herausforderungen. Dabei spielen u. a. auch Einflüsse, die auf gruppenpsychologische Ursachen zurückzuführen sind, eine zentrale Rolle, auf welche an dieser Stelle jedoch im Sinne der thematischen Ausrichtung dieser Arbeit nicht ausführlich eingegangen werden soll. Vielmehr wird im Folgenden die virtuelle unternehmensinterne sowie wissenschaftliche Zusammenarbeit hinsichtlich kultureller Faktoren in Bezug auf die Berücksichtigung standardisierter Praktiken und die organisatorische Ausrichtung an eine Teilautonomie überprüft.

Als primäre Schwierigkeit gilt die bereits erwähnte Teilungsbereitschaft bezüglich des eigenen Wissens, die sowohl unter Mitarbeitern als auch unter Wissenschaftlern trotz der von institutioneller Seite beabsichtigten dezentralen Organisation der wissensbasierten Kollaboration in der Praxis oftmals nicht vorhanden ist. Dies zeigt, dass die Möglichkeit zur Selbststeuerung noch nicht impliziert, dass es im Sinne einer kollaborativen Kultur auch tatsächlich zu einer Machtverteilung kommt. Hinzu kommt der Aspekt, dass bevor insbesondere implizites Wissen (vgl. Kapitel 2.2) geteilt werden kann, sich jeder Einzelne zunächst über dessen Wert bewusst sein muss:

> „Je mehr ein Individuum mit seinen täglichen Aufgaben vertraut ist, um so schwerer wird es in der Regel, die Bedeutung neuen Wissens zu erkennen sowie sich mit Kollegen über neue Möglichkeiten der Aufgabenerfüllung auszutauschen" (Probst et al., 2003: 177).

Entscheidend ist vor allem bei unternehmensinternen Kollaborationen letztlich der Grad der Institutionalisierung der Unternehmenskommunikation, d.h. inwiefern die Mitarbeiter aus den verschiedenen Fachbereichen und Positionen bemächtigt werden, sich bei Innovationsprozessen einzubringen (vgl. Blättel-Mink, 2010: 136). Hinzu kommt der zentrale Aspekt, dass die „Wissens(ver)teilung grundlegend erschwert wird wenn die Teilung von Wissen dazu führen kann, die Position des Teilenden zu schwächen" (Probst et al., 2003: 163). Auch Friesike und Gassmann führen die Barrieren weniger auf hierarchische Strukturen, sondern vielmehr auf „das Machtgefälle, das mit ihnen verbunden ist", zurück (2012: 199). Somit kann das Bedürfnis jeglicher Fachexperten, das eigene Wissen im Sinne Bacons Ansatz („Wissen ist Macht", vgl. 1815; Kapitel 2.2) aus „machtpolitischen Gründen" (Blüschken/Blümm, 2000: URL) zu horten, den Erfolg von wissensbasierten Kollaborationen maßgeblich beeinträchtigen. Sowohl in Unternehmen als auch in der wissenschaftlichen Gemeinde besteht die Sorge, von wetteifernden Kollegen „ausgebeutet" zu werden. Insbesondere Koryphäen aus dem Bereich der Wissenschaft, die dem stetigen Druck ausgesetzt sind, jegliche Erkenntnisse möglichst schnell zu patentieren, befürchten, dass mit ihrer Offenheit ein Kontrollverlust über ihr mühevoll angesammeltes Wissen einhergeht. Hierfür liefert *Sci-Mate*, eine der zahlreichen *Open Science*-Plattformen, die vor fünf Jahren von einem ehemaligen wissenschaftlichen Mitarbeiter des Deutschen Krebsforschungszentrums gegründet wurde, exemplarisch Belege. Nach erfolgreicher Registrierung, die primär wissenschaftlich Arbeitenden vorbehalten ist, können diese sich fachübergreifend über aktuelle Forschungsprojekte austauschen.

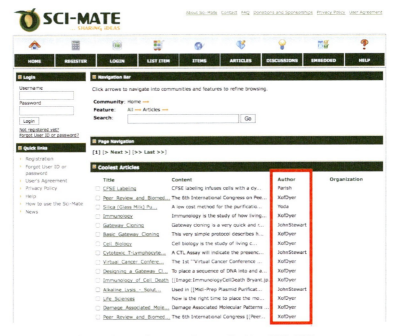

Abb. 13: „XofDyer" als Autor der meisten Beiträge (Sci-Mate, 2012: URL)

Ohne den Einsatz von *Web 2.0*-Software wäre auch hier keine gemeinsame Wissensgenerierung in Echtzeit möglich. Abb. 13 zeigt, dass die kollaborative Zusammenarbeit zwischen mehreren Forschern hier – zumindest bisher - nicht interaktiv praktiziert wird. Die meisten Beiträge stammen von „*XofDyer*", dem Betreiber der Plattform selbst (vgl. Sci-Mate, 2012: URL).

Auch die bereitgestellte *Wiki*-Funktion, welche die frühe Publikation von Forschungsdaten und -prozessen sowie die konstruktive Diskussion von Einzelerkenntnissen ermöglicht, werden kaum genutzt (siehe Abb. 14, S. 44) – gerade einmal zwei Nutzer haben ihr Wissen virtuell geteilt. Die Aufrufzahlen der verschiedenen *Wiki*-Seiten belegen, dass die einzelnen Beiträge durchaus auf das Interesse der Forschungsgemeinschaft stoßen und von dieser gelesen werden. Zu einer Beteiligung im Sinne der kollektiven Wissensgenerierung werden die Besucher der Plattform jedoch nicht motiviert (siehe Abb. 15, S. 45).

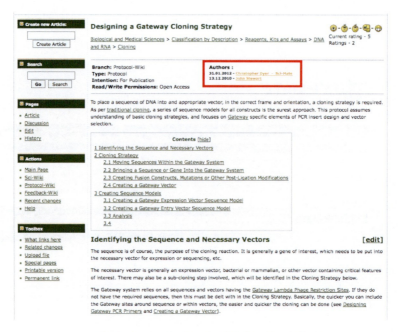

Abb. 14: Ansicht eines Sci-Mate-Wikis (Sci-Mate, 2012: URL)

Offensichtlich scheint es unter den Beteiligten eine große Skepsis gegenüber der Qualität des geteilten Wissens in Bezug auf die Korrektheit und Verlässlichkeit der vermittelten Daten zu geben. Obwohl gerade die Veröffentlichung fehlerhafter Daten mit entsprechender Kennzeichnung den doppelten Arbeitsaufwand von weltweit verteilten und in ähnlichen wissenschaftlichen Gebieten Forschenden vermeiden könnte, scheint die Sorge, dadurch wohlmöglich vor den werten Kollegen bloßgestellt zu werden, größer. Mit der gleichen Begründung halten auch in Unternehmen kreative Mitarbeiter ihre Ideen schlichtweg aus der Angst heraus, lächerlich zu wirken, zurück (vgl. Probst et al., 2003: 147f). Dies beweist, dass es in beiden Bereichen offensichtlich erheblich an gegenseitigem Vertrauen mangelt. Jegliche Empfehlungen, z.B. zum Verzicht auf „formale Zwänge" (Lévy, 1997: 18), wenn sich alle Mitarbeiter oder Forscher untereinander austauschen, nützen wenig, wenn sowohl in der Industrie als auch in der Wissenschaft Wettbewerbs- und Konkurrenzdenken dominieren. Das gegenseitige Verständnis als Voraussetzung kollektiver Wissensgenerierung wird wiederum vom Kommunikationsverhalten der Beteiligten bestimmt.

Abb. 15: Nachweis der mangelhaften Nutzerbeteiligung (Sci-Mate, 2012: URL)

Kollaborative Forschung scheitert, wenn die Beteiligten sich nicht aufeinander abstimmen, unterschiedliche Kenntnisstände nicht berücksichtigen und sich über sprachliche Besonderheiten hinwegsetzen. Inwiefern die Etablierung einer für alle Beteiligten verständliche Sprache im Sinne einer standardisierten Praktik bei wissensbasierten Kollaborationen in der Wissenschaft berücksichtigt wird, demonstriert ein weiterer Verweis auf *Sci-Mate*. Hier wird die kulturelle Bedingung bezüglich einer gemeinsamen Sprache nur zum Teil erfüllt. Die Kommunikationsweise der Plattform-Initiatoren ist von einem äußerst lockeren Umgangston sowie einem jugendlich anmutenden Sprachstil geprägt (siehe Abb. 16, S. 46). Zwar wird durchgehend in englischer Sprache - wobei davon ausgegangen werden darf, dass internationale Wissenschaftler dieser mächtig sind (vgl. Kapitel 3.1) – kommuniziert, möglicherweise fühlen sich jedoch primär junge Nachwuchsforscher angesprochen, wenn wissenschaftliche Fachartikel als „*cool*" und Forschung als „*hot*" bezeichnet wird (vgl. Sci-Mate, 2012: URL). Bei eher konservativ orientierten Wissenschaftlern, die es gewohnt sind, sich im Sinne ihrer Professionalität eher sachlich auszudrücken und dies ebenso von ihren Kollegen erwarten, kann dies durchaus zu einem kulturellen Konflikt führen. Gleichwie im Umkehrschluss beispielsweise die Verwendung der „Sie-Form" (vgl. Döring, 2003: 184) einer jüngeren Nutzergruppe missfallen würde. Letztlich weist die bereits erwähnte zurückhaltende Nutzung der Plattform darauf hin, dass der Kommunikationsstil gerade bei erfahrenen Wissenschaftlern, die bezüglich einer langfristig erfolgreich stattfindenden kollektiven Wissensgenerierung sowie für die gesamte weiterführende Plattform-Nutzung bei *Sci-Mate* von enormer Bedeutung sind, auf Abneigung zu stoßen scheint und diese von der kollaborativen Nutzung der Plattform abhält.

Abb. 16: Der Sci-Mate Sprachstil (Sci-Mate, 2012: URL)

Ähnliche Kommunikationsprobleme ergeben sich innerhalb unternehmensinterner Kollaborationen, wenn das „Wissen von Mitarbeitern, die nicht die jeweils dominierende Geschäftssprache sprechen, weitgehend ignoriert wird" (Probst et al., 2003: 162). Dies zeigt, dass die Berücksichtigung sprachlicher Besonderheiten während der Zusammenarbeit von Personen mit unterschiedlichen Kulturhintergründen auch unabhängig von der Verwendung von Fremdsprachen eine Rolle spielt und bestimmt, inwiefern standardisierte Praktiken gepflegt werden.

Hinsichtlich der zu überprüfenden kulturellen Bedingung der Teilautonomie lässt sich in Bezug auf *Sci-Mate* festhalten, dass insbesondere mittels der Bereitstellung der *Wiki*-Funktion eine Basis für die selbstorganisierte Nutzerbeteiligung geschaffen wird. Die durch die bereits erwähnte Autorenpräsenz hervorgerufene äußerst dominante Position des Plattform-Betreibers wirkt einer sinnvollen Rollenverteilung jedoch bisher entgegen.

Bevor dargelegt wird, auf welche Weise den erörterten kulturellen Herausforderungen wissensbasierter Kollaborationen begegnet werden könnte, werden im Rahmen des letzten Unterkapitels die bisherigen Erkenntnisse zusammengefasst.

4.4 Zwischenfazit

Auch wenn die Menge an virtuellen wissensbasierten Kollaborationen sowohl in der Industrie als auch in der Wissenschaft stetig zunimmt, hat die vorausgegangene Prüfung gezeigt, dass diese Entwicklung durch die Missachtung kultureller Bedingungen durchaus gebremst werden kann. Kern des Problems ist die Vernachlässigung des Aspekts in der Praxis, dass durch die zahlreich vorhandenen technischen Unterstützungsmöglichkeiten noch nicht sichergestellt werden kann, dass „die Koordination der Intelligenzen in Echtzeit" (Lévy, 1997: 31) auch tatsächlich funktioniert; d.h. Wissen im Rahmen von Kollaborationen nicht nur erfolgreich geteilt sowie generiert wird, sondern auch nachhaltig eine „Durchsetzung des Neuen" (Blättel-Mink, 2010: 136) erfolgt - und letztlich neue Erkenntnisse geschaffen werden. Das zentrale Problem liegt darin, dass zahlreiche Initiativen im Internet als oberstes Ziel ein möglichst modernes Angebot von Software und digitalen Werkzeugen verfolgen anstelle der Berücksichtigung der individuellen Bedürfnisse der Anwender. Die innovativsten Technologien nützen wenig, wenn sie von den Nutzern wegen kulturbedingter Hindernisse nicht verwendet werden können.

> „Letzten Endes entscheidet der Grad an kollektiver Intelligenz [...], welchen Wert eine Technik für den Menschen erlangt. Alles hängt davon ab, inwieweit ein Kollektiv in der Lage ist, das Potential, das im praktischen *Know-how* und in den materiellen Voraussetzungen steckt, auszuschöpfen" (Lévy, 1997: 244).

Aufgrund dessen bedingt es die Berücksichtigung der Elemente, in denen sich eine kollaborative Kultur manifestiert und durch welche eine Vertrauensbasis geschaffen wird, die letztlich die Beteiligten dazu motiviert, sich freiwillig zu engagieren, Wissen zu teilen und kollektiv neues Wissen zu generieren (vgl. Kapitel 3.2). Dabei kann „eine

Technologie [...] Türen öffnen, aber sie kann die Leute nicht zwingen, hindurchzugehen" (Tapscott/Williams, 2007: 268).

Die Untersuchung anhand von Fallbeispielen hat gezeigt, dass die Voraussetzungen für eine organisatorische Ausrichtung an eine Teilautonomie, die wiederum eine Macht- sowie Rollenverteilung impliziert, durch die Bereitstellung diverser Funktionen zur Selbstorganisation theoretisch durchaus vorhanden sind, in der Praxis jedoch Verbesserungsbedarf aufweisen. Selbst wenn es gelingt, eine rege Beteiligung zu generieren, kann sich zudem sowohl in unternehmerischen als auch in wissenschaftlichen Gemeinschaften der sogenannte *Group- think*-Effekt negativ auf die Machtverhältnisse innerhalb einer wissensbasierten Zusammenarbeit auswirken. Von diesem ist die Rede, wenn sich innerhalb einer Gruppe lediglich auf das Wissen eines Mitglieds höheren Status konzentriert wird und dessen Wissen kollektiv übernommen und wiedergeben wird, statt darauf zu vertrauen, das jeweils eigene implizite Wissen kundzutun, um dadurch gemeinsam neue Erkenntnisse zu erlangen (vgl. Nielsen, 2012: 71ff). In Bezug auf die Notwendigkeit standardisierter Praktiken konnten bezüglich der jeweils beobachteten Kommunikationsweise diverse Verständnisprobleme identifiziert werden, die sich maßgeblich auf den Erfolg wissensbasierten Kollaborationen auswirken. Die auf ein gemeinsames Verständnis abzielende Standardisierung betrifft bei den untersuchten virtuellen Kollaborationsformen sowohl Regeln für die Nutzung einer Online-Anwendung als auch die einheitliche Kommunikation – und Information. Bevor die jeweiligen Akteure zur Schaffung von Erkenntnissen beitragen können, müssen diese verstanden haben, auf welche Weise ihr Wissen einzubringen ist. Dies erfordert nicht nur die Mitteilung von Informationen im Sinne klarer Arbeitsanweisungen, sondern auch jene bezüglich des gemeinsamen Ziels sowie der Vergütung bzw. Anerkennung des Einsatzes (vgl. Hertel/Scholl, 2006: URL). Bei jeglichen Kommunikationsprozessen gilt es die Anforderungen der jeweiligen Nutzer bezüglich „sprachlicher Besonderheiten" (Krejci, 2010: 5) und des „Verständigungsrahmens" (Döring, 2003: 283) zu berücksichtigen, um Missverständnisse und Unklarheiten zu vermeiden. Erst wenn dies gelingt, kommt es zur „Mitteilung relevanter Informationen" (Hertel/Scholl, 2006: URL), d.h. es werden nicht wiederholt ähnliche Wissensinhalte geteilt, sondern neue Ideen kommuniziert. Dies fördert wiederum die „gemeinsame Entwicklung neuen Wissens" (Probst et al., 2003: 161) und trägt somit maßgeblich zum gemeinsamen Ziel, der Schaffung neuer Erkenntnisse, bei.

Letztlich lässt sich festhalten, dass die Bereitstellung neuester Technik und schnellster Informationstechnologien nicht genügt, um die beteiligten Akteure zum offenen Umgang mit Wissen zu bewegen. Um diese zu motivieren, muss der Einsatz von *Web 2.0*-Anwendungen in wissensbasierten Kollaborationen den Bedingungen einer auf Vertrauen basierenden kollaborativen Kultur entsprechen. Nur dann kann sichergestellt werden, dass im Rahmen wissensbasierter Kollaborationen erfolgreich und nachhaltig neue Erkenntnisse gewonnen werden.

5. Lösungsansatz für die Integration kultureller Faktoren innerhalb wissensbasierter Kollaborationen

Im letzten Kapitel soll unter Einbezug der bisher herausgearbeiteten Erkenntnisse exemplarisch anhand der wissensbasierten Kollaboration innerhalb einer wissenschaftlichen Gemeinschaft (vgl. Kapitel 4.3.2) ein Konzept, das auf die Optimierung jener abzielt, entwickelt werden. Hierzu wird zunächst auf die Verbindung der spezifischen Bedingungen der Wissenschaftskultur mit denen einer kollaborativen Kultur eingegangen, um deren Berücksichtigung schließlich auf einen Vorschlag zur anwendungsorientierten Umsetzung im Rahmen einer *Open Science*-Plattform zu übertragen.

5.1 Methodische Vorüberlegungen

Es wurde bereits darauf hingewiesen, dass wissensbasierte Kollaborationen in der Wissenschaft, die auf die kollektive Wissensgenerierung einer großen Menge von Forschern abzielen, scheitern, wenn sich die Initiatoren von Online-Plattformen über die traditionell verankerten Gewohnheiten ihrer Nutzer hinwegsetzen.

> „Webdienste verbessern die Leistungsfähigkeit der Forscher, deshalb wird das größte Hindernis bei der Realisierung [...] kulturbedingt sein"
> (Tapscott/Williams, 2007: 161).

Seit jeher dokumentieren Wissenschaftler ihr Wissen indem sie ihre Forschungsergebnisse in Fachzeitschriften – wenn auch zunehmend in deren Online-Versionen – veröffentlichen, um somit schließlich Reputation zu erlangen (vgl. Kapitel 3.1). Jeglicher Erfolg wird anhand der Länge von Publikationslisten gemessen. So ist es nicht verwunderlich, dass bisher die Wenigsten interessiert daran sind, neben ihren Ergebnissen[19] auch den zugrundeliegenden Wissensprozess bzw. ihre Rohdaten im Internet - im Rahmen von bisher nicht standardisierten Medien - offen darzulegen. Um nachhaltig Vertrauen in eine veränderte Arbeitskultur zu schaffen, erfordert der Einsatz neuer Medien zunächst, dass insbesondere eher konservative Wissenschaftler einen deutlichen Mehrwert darin sehen, ihr Wissen für konkurrierende Kollegen öffentlich ins Internet zu stellen. Somit stellt gleichwie im wirtschaftlichen Kontext auch in der wissenschaftlichen Praxis die Motivation der einzelnen Akteure die größte Herausforderung dar. Dies erfordert im Sinne einer kollaborativen Kultur zum einen die Durchsetzung standardisierter Praktiken und zum anderen die Berücksichtigung einer fairen Rollenverteilung, um eine teil-

---

[19] vgl. *Open Access*-Publikationen, Kapitel 4.3.2

autonome Organisation der Kollaboration zu gewährleisten. Allgemeingültige Regeln und Kommunikation in Form einer gemeinsamen Sprache sind dabei unabdingbar (vgl. Kapitel 3.2). Für potentielle Nutzer muss von Beginn an klar ersichtlich sein, dass sie durch ihr kollektives Engagement im Internet einzigartiges Wissen generieren und neue Erkenntnisse gewinnen. Erkenntnisse, von denen sie im Nachhinein profitieren und die sie allein nicht – und vor allem nicht mit gleichem Zeitaufwand – erlangen können. Folglich müssen jegliche standardisierte Kommunikationstechnologien stets und vor allem vorab hinsichtlich ihrer kontextbezogenen Sinnigkeit überprüft werden. Erst wenn diese den individuellen Anforderungen im Sinner einer „Benutzerfreundlichkeit" (Reichwald/Piller, 2006: 62) entsprechen, darf davon ausgegangen werden, dass diese im Rahmen einer kollaborativen Arbeitskultur auch tatsächlich angewendet werden können.

Die Sorge, durch die Online-Publikation von Teilerkenntnissen aus frühen Forschungsphasen die Macht über das eigene Wissen zu verlieren, stellt dabei wie bereits erläutert die größte Herausforderung dar. Jegliche Arten wissensbasierter Kollaborationen erzeugen ein kollektiv erarbeitetes Ergebnis, wodurch die individuelle Einzelleistung üblicher Weise ausschließlich im Verhältnis zum Gemeinschaftserfolg betrachtet sowie bewertet werden kann. Bei Laien, die sich freiwillig an *Crowdsourcing*-Projekten in der Industrie und Wissenschaft beteiligen, scheint dies oftmals eine minder wichtige Rolle zu spielen, da hier andere motivationale Faktoren dominieren (vgl. Kapitel 4.2.1). Im Bereich der unternehmensinternen Wissensgenerierung und vor allem bei der kollaborativen Forschungsarbeit unter Experten spielt dies jedoch eine bedeutende Rolle. Wohingegen im Bereich der Wirtschaft das Teilen von Wissen noch monetär vergütet werden kann, bleibt einem Wissenschaftler primär das Warten auf Anerkennung in Form von Reputation. Die Bedeutung des geistigen Eigentums sowie der Schutz der Urheberrechts erhält somit unter Wissenschaftlern - deren höchstes Gut das eigene Wissen ist und die von ihrer Fähigkeit, fortwährend neue Erkenntnisse zu produzieren abhängig sind - im Vergleich zu wissensbasierten Kollaborationen in der Wirtschaft einen noch höheren Stellenwert.

> *„Property rights include, to different extents and with unequal emphasis, the right to decide what happens with an idea or innovation and the right to collect revenues arising from the idea or inventing"* (Höppner, 2010: URL).

Die Tatsache, dass dadurch die Bereitschaft das eigene Expertenwissen zu teilen beeinträchtigt wird - und somit auch die eine Teilautonomie bedingende Machtverteilung innerhalb einer Kollaboration verhindert wird - erfordert neue praxisorientierte Lösungsansätze. Spätestens an dieser Stelle muss von dem zuvor mehrfach zitierten Ansatz von Kant Abstand genommen werden, da dieser zwar das „Handeln nach der Vernunft" befürwortet, den „Handlungskontext" sowie mögliche Erfolge oder Konsequenzen des Handelns jedoch ausblendet (vgl. Fastenrath, 1995: 33f). Die kulturellen Bedingungen wissensbasierter Kollaborationen gelten hingegen wie zuvor dargelegt als stark kontextabhängig. Eben auf die Berücksichtigung des speziellen Kontexts – der Einbettung in die Wissenschaftskultur - kommt es bei der Betrachtung jener im Rahmen dieses Kapitels an.

Aus den bisherigen Erkenntnissen lassen sich schließlich folgende Bedingungen ableiten, deren notwendige Beachtung bei der Konzeption einer Online-Plattform für wissensbasierte Kollaboration mit internationalem Wirkungsgrad das primäre Ziel sein sollte:

- Die Gewährleistung des Urheberrechtsschutzes in Form einer nachvollziehbaren Autorenzuordnung.
- Die Betonung standardisierter Praktiken im Sinne allgemeingültiger Nutzungsregeln, einer offenen Kommunikation sowie einer verständlichen Sprache.
- Die Bereitstellung von Funktionen für eine teilautonome Organisation.

Sodann kann den Befürchtungen vieler Wissenschaftler entgegengewirkt und innerhalb einer wissensbasierten Kollaboration eine kollaborative Arbeitskultur etabliert werden, im Rahmen derer sich die Nutzer einer Plattform gegenseitig verstehen, einander vertrauen und erfolgreich neue Erkenntnisse generieren können.

> „Wir brauchen ein System von Anreizen, das Erfinder und Wissensproduzenten belohnt *und* die Verbreitung ihres Outputs fördert" (Tapscott/Williams, 2007: 180).

Letztlich geht es darum, basierend auf einem gemeinsamen Verständnis und Ziel der Beteiligten, eine Grundlage für die virtuelle Zusammenarbeit zu schaffen, die sowohl die Berücksichtigung individueller Bedürfnisse als auch den jeweiligen Kulturhintergrund impliziert. Das folgende Konzept zielt darauf ab, diese Bedingungen im Rahmen einer Online-Plattform für wissensbasierte Kollaboration unter Wissenschaftlern, zu erfüllen.

5.2 Praxisorientierte Konzeption einer Online-Plattform

Die in diesem Kapitel beschriebene praxisorientierte Anleitung bezieht sich auf die Konzeption einer *Open Science*-Plattform mit integrierten *Web 2.0*-Funktionen, welche die wissensbasierte Kollaboration von weltweit verteilten Wissenschaftlern ermöglicht und die Berücksichtigung der zuvor identifizierten kulturellen Faktoren integriert:

❖ Beobachtung der zukünftigen Nutzer

Grundsätzlich kann eine neue Arbeitskultur, die mit veränderten Arbeitsformen einhergeht, nur dann von den an einer wissensbasierten Kollaboration Beteiligten akzeptiert werden, wenn die betroffenen Akteure zunächst sorgfältig hinsichtlich ihrer routinierten Handlungen beobachtet werden (vgl. Tapscott/Williams, 2007: 243ff). Auf diese Weise können die individuellen Bedürfnisse herausgefunden und entsprechend bei den Maßnahmen zur Etablierung standardisierter Praktiken miteinfließen.

> „Mit den richtigen Werkzeugen und genug Transparenz kann eine große und vielfältige Gruppe von Personen, die jeweils selbst bestimmen, welchen Beitrag sie zur Wertschöpfung leisten, mit einem Minimum an zentraler Kontrolle selbst komplizierteste Aufgaben erledigen" (Tapscott/Williams, 2007: 261)

Somit ist auch eine Untersuchung der bei den potentiellen Nutzern bereits beliebten internetbasierten Instrumente erforderlich, um zu erfahren, welche davon in der Wissenschaftskommunikation derzeit erfolgreich eingesetzt werden. Sodann können darunter diejenigen Anwendungen identifiziert werden, denen die Wissenschaftsgemeinde offensichtlich bereits vertraut. Auf diese Weise kann vermieden werden, dass Nutzer aufgrund komplizierter Technologien überfordert sind oder mit Werkzeugen konfrontiert werden, die sich aufgrund ihrer Funktion als ungeeignet herausstellen.

❖ Einrichtung einer Zugangsbeschränkung

Da im Rahmen der Plattform Expertenwissen ausgetauscht und generiert werden soll, empfiehlt es sich, lediglich nachweislich in der Forschung tätigen Personen einen Zugang zu gewähren. Nur so kann ein unter Spitzenforschern notwendiger hoher Qualitätsanspruch gewährleistet werden. Zudem können sich dadurch jegliche standardisierte Praktiken leichter und schneller etablieren. Letztlich kommt es darauf an, eine möglichst vielfältige Menge von Wissenschaftlern, die sich sowohl aufgrund ihrer Herkunft, ihrer Erfahrungen als auch ihrer Fachkompetenzen unterscheiden, anzusprechen und zur virtuellen Beteiligung zu motivieren. Hinsichtlich des kollaborativen Erkenntnisgewinns erfüllt kollektive Intelligenz wie bereits erwähnt erst dann einen nachhaltigen

Nutzen, wenn eine heterogene Mischung von Personen aufeinandertrifft (vgl. Kapitel 2.1).

❖ Qualitätssicherung durch Autorenzuordnung
Um die Bereitschaft der Wissensteilung und die damit einhergehende Bedingung bezüglich des Schutzes von geistigem Eigentum zu erfüllen, werden alle Nutzer bereits bei ihrer Registrierung dazu aufgefordert entsprechend ihrer realen Identität auch im virtuellen Raum ihre vollständigen Namen anzugeben - anstelle die in *Wikis* üblicherweise anonymisierten *Usernames* zu verwenden. Dies wirkt sich zugleich förderlich hinsichtlich der kontinuierlich notwendigen Qualitätssicherung sowie der Etablierung eines virtuellen *Peer Review*-Verfahrens aus (vgl. Kapitel 3.1). Bleiben Nutzer anonym kann dies dazu führen, dass das persönliche Verantwortungsbewusstsein für das kollektive Endergebnis nicht in ausreichendem Maße vorhanden ist (vgl. Höppner, 2010: URL). Mittels der Namensangabe können jegliche persönliche *Wiki*-Beiträge dem jeweiligen Autor zugeordnet werden, was für den Einzelnen eine entscheidende Rolle bei der Publikation sowie der anschließenden Zitation der kollaborativen Erkenntnisse spielt:

> „Citation leads to measurement leads to reward leads to people who are motivated to contribute" (Nielsen, 2012: 196).

Auch die öffentlich einsehbare Versionsgeschichte des *Wikis* leistet hierbei einen wichtigen Beitrag: *Wiki*-Funktionen stellen sicher, dass kollaborativ generiertes Wissen dokumentiert wird, somit auch sämtliche Arbeitsfortschritte zu jeder Zeit rückwirkend nachvollzogen werden können und vor allem keine Änderungen verloren gehen. Ausgewiesene Zeit- und Datumangaben verhindern, dass die eigenen neu hinzugefügten Ideen von Kollegen kopiert und publiziert werden bzw. stellen sicher, dass diese ggf. zur Rechenschaft gezogen werden können.

❖ Vergabe verschiedener Nutzerrollen und Regeln
Wissensbasierte Kollaborationen innerhalb einer Gemeinschaft zeichnen sich durch die Selbstorganisation der Beteiligten aus. Dennoch bedarf es im Sinne einer Teilautonomie der Beachtung eines ausgewogenen Machtverhältnisses zwischen den einzelnen Beteiligten und deren Handlungsberechtigungen.

> „Je heterogener die Fähigkeiten und Interessen einer Gruppe sind, umso weniger ist jedoch Führung durch eine Person allein gemessen, da eine gute Koordination entsprechendes Fachwissen sowie Interessenneutralität erfordert. Deswegen geht man [...] dazu über, heterogene Gruppen durch professionelle Moderatoren zu unterstützen" (Hertel/Scholl, 2006: URL).

Eine sinnvolle Rollenverteilung im Rahmen einer *Open Science*-Plattform sieht vor, dass es sowohl professionelle Moderatoren als auch Administratoren gibt. In Anlehnung an standardisierte Normen gilt es hierbei, „Forderungen und Pflichten, die an die Rolle gebunden sind" (Baumann, 2002: 26) zu beachten. Moderatoren beobachten und kontrollieren den Forschungsfortschritt bzw. die Veränderungen im *Wiki* und greifen ggf. in die autonome Kommunikation der Forschungsexperten ein, falls eine zu geringe oder aber eine zu große Menge an Beiträgen sich negativ auf den Forschungsprozess auszuwirken droht. Administratoren beantworten die technischen Fragen der Nutzer. Rückmeldungen der Nutzer müssen sowohl ernst genommen als auch sorgfältig evaluiert werden, da diese wertvolle Hinweise auf möglicherweise fehlerhafte oder anpassungsbedürftige Funktionen beinhalten, die somit korrigiert werden können. Hierbei ist die Motivation der Beteiligten umso größer, desto mehr diese das Gefühl erhalten, dass ihre Rückmeldung wertgeschätzt wird und sich dies als persönlicher und zugleich allgemeiner Mehrwert in Form verbesserter Arbeitsbedingungen zeigt.

Diese Art von Führungsstil seitens der Plattform-Initiatoren beeinflusst die Art, wie die vorhandene Vielfalt im Rahmen der wissensbasierten Kollaboration tatsächlich genutzt werden kann. Wenn nach Harss und Hofstede (2010) lediglich die gemeinsamen Ziele normiert werden (vgl. Kapitel 3.1), würde es sich auch im Rahmen einer *Open Science*-Plattform anbieten, statt starrer Regeln vielmehr „klare Ziele unter Berücksichtigung der Rahmenbedingungen festzulegen" (Gassmann, 2010: 132). Dennoch müssen allgemeingültig Regeln als Elemente einer teilautonomen Organisation durchaus berücksichtigt werden, damit sich eine kollaborative Kultur entfalten kann (vgl. Kapitel 3.2). Normen wie „Fairness, Rücksichtnahme oder Hilfsbereitschaft" (Baumann, 2002: 28), die der Wissenschaftskultur entsprechen (vgl. Kapitel 3.1) gelten im realen Raum gleichwie während der virtuellen Zusammenarbeit, wobei sich diese im Rahmen der Plattform auf die „aktive Beteiligung und konstruktive Umgangsformen" (Döring, 2003: 283) beziehen. Letztlich kommt es auf die frühzeitige und transparente Kommunikation jeglicher Regeln an, damit diese von den Nutzern entsprechend beachtet werden können.

❖ Bereitstellung eines Glossars

Die gegenseitige Verständigung gilt als Voraussetzung der kollaborativen Zusammenarbeit und manifestiert sich in einer gemeinsamen Sprache, der alle Nutzer der Plattform mächtig sind. Die Kommunikation einer standardisierten Praktik entsprechend in englischer Sprache, die allen weltweit aktiven Nutzern bekannt und geläufig ist, zu führen, erfüllt noch nicht alle zuvor identifizierten kulturellen Bedingungen. Zunächst muss ein angemessener Sprachstil, an dem sich alle Beteiligten orientieren können, etabliert werden. So sollten Inhalte grundsätzlich in sachlicher Form kommuniziert werden, wobei die für die „Sprache der Nähe" (Döring, 2003: 283; vgl. Kapitel 3.2) typischen Kurzformen und Abkürzungen innerhalb der Expertenkonversation des gleichen Fachs durchaus verwendet werden sollten, da mittels dieser Erkenntnisse auf einem kurzen Weg kommuniziert werden können. Da nicht davon ausgegangen werden kann, dass gerade im Hinblick auf die globale und interdisziplinäre wissenschaftliche Zusammenarbeit die verwendeten Fachbegriffe hinsichtlich ihrer Bedeutung von allen Beteiligten auf die gleiche Weise verstanden und interpretiert werden, empfiehlt sich die Einrichtung eines virtuellen Glossars, das in Form eines *Wikis* von allen Nutzern kollaborativ mit Inhalten gepflegt und fortwährend aktualisiert werden kann. „Begriffe transportieren die Kultur" (Harss/Hofstede, 2010: 19) und sind erklärungsbedürftig, wenn sie in unterschiedlichen fachlichen Kontexten verwendet werden. Die Nutzung eines Glossars fördert das gemeinsame interkulturelle Verständnis und unterstützt die effektive Kommunikation, da umständliche Rückfragen, die den Forschungsprozess verzögern würden, vermieden werden können.

❖ Nutzung sozialer Netzwerkdienste

Im Hinblick auf die Tatsache, dass Menschen vor allem über implizites Wissen verfügen und dieses von enormer Bedeutung hinsichtlich der Schaffung neuer kollaborativer Erkenntnisse ist (vgl. Kapitel 2.2), sollte auch im Rahmen einer Plattform die Möglichkeit geschaffen werden, den beteiligten Akteuren dieses zu entlocken. Dies erfordert neben der direkten Kommunikation die gezielte Förderung „informeller Interaktion" (vgl. Baumann, 2002: 33) bzw. die informelle Weitergabe von Erfahrungen und Wissen. Im Rahmen einer *Open Science*-Plattform kann dies durch die Integration von sozialen Netzwerkdiensten, die neben *Wikis* und *Weblogs* zu den verbreitetsten klassischen *Web 2.0*-Werkzeugen gehören (vgl. Kapitel 2.2), erfolgen. Hierbei wird der Aspekt berücksichtigt, dass Wissen eben nicht „ohne ein Kommunikations- [...] und Vernetzungssystem, das in sich eine Form von Macht ist" (Foucault, 1972: 64), entsteht. Soziale Netzwerkdienste erfüllen mehrere Funktionen: Zunächst erhalten alle Nutzer der Plattform die Möglichkeit, ihre persönlichen Informationen für virtuelle Forschungskollegen zu veröffentlichen. Auf diese Weise können sie über „über sich und die Zugehörigkeit zu anderen Gruppierungen (Ausbildungen, Abteilung, Organisation, Nationalität, Sprache, etc.) Auskunft geben" (Krejci, 2010: 10). Damit kann zugleich dem Aufkommen „sozialer Faulheit" (Baumann, 2002: 52; vgl. Kapitel 4.2.3) entgegengewirkt werden, da die Profil-Funktionen die Möglichkeit zur eigenen „Selbstdarstellung" (Baumann, 2002: 53) und somit die individuelle Motivation im Rahmen der Kollaboration fördern können. Auch die Etablierung und Pflege von Ritualen (Hofstede, 1993; vgl. Kapitel 3.2) als standardisierte Praktik kann mittels sozialer Netzwerkfunktionen umgesetzt werden. So können neue Nutzer - jeweils nach ihrer Erstanmeldung - in Form einer virtuellen offiziellen Begrüßung mit einem prominent platzierten Hinweis allen anderen Nutzern im Forschungsnetzwerk vorgestellt werden. Funktionen dieser Art können das Zugehörigkeitsgefühl und die gegenseitige Wertschätzung im virtuellen Raum unterstützen und wirken sich positiv auf die Schaffung einer Vertrauensbasis, die wiederum eine Bedingung für die kollaborative Wissensgenerierung darstellt, aus. Auf diese Weise kann auch das selbstverständliche „Nachfragen von Wissen" (Probst et al., 2003: 163) gefördert werden (vgl. Kapitel 3.2). Wenn solche Nachfragen insbesondere während des informellen Austauschs im Rahmen der Nutzung der sozialen Netzwerkdienste erfolgen, kann dies verhindern, dass diese „als Eingeständnis von Schwäche und Inkompetenz sondern als Offenheit und produktive Neugier bewertet" (Probst et al., 2003: 163) werden. Indem die Nutzer befähigt werden, sich auch unabhängig von ihrer kollaborativen Arbeit im Rahmen von *Wikis* gegenseitig auszutauschen, wird eine zusätzliche Möglichkeit des Wissensaustauschs geschaffen sowie der Zusammenhalt gestärkt, was sich wiederum in der Motivation bezüglich der kollaborativen Forschungsarbeit wiederspiegeln kann.

❖ Maßnahmen zur Akzeptanzförderung
Kultur kann erlernt werden und ist veränderbar (vgl. Kapitel 3.1). Unter traditionell orientierten Wissenschaftlern ist eine Abkehr vom herkömmlichen Kulturverständnis - welches einst von ihnen selbst konstruiert wurde und gerade aufgrund dessen durchaus veränderbar ist (vgl. Nielsen, 2012: 197) - notwendig, um die virtuelle wissensbasierte Kollaboration im Rahmen einer *Open Science*-Plattform nachhaltig erfolgreich nutzen zu können. Erforderlich ist dabei ein hohes Maß an Geduld unter allen Beteiligten. Während der Einführung neuer Praktiken kann Vertrauen „nur langsam geschaffen" werden und „durch negative Vorkommnisse [...] schnell und nachhaltig zerstört werden" (Probst et al., 2003: 163).

Letztlich kommt es auf das gemeinschaftliche Umdenken an: Sobald eine große Anzahl von Wissenschaftlern kollektiv beginnt, regelmäßig die kollaborativ generierten Erkenntnisse anderer Kollegen in ihren eigenen Veröffentlichungen zu zitieren, können neue Modelle gefördert und Akzeptanz für ein neues „Paradigma" (Kuhn, 1974: 390) geschaffen werden.

Dies kann auch unabhängig von der virtuellen Zusammenarbeit bzw. darüber hinaus durch vorbereitende Maßnahmen im realen Raum unterstützt werden. Hierbei muss der Appell zunächst an die Ranghöchsten der wissenschaftlichen Gemeinschaft gerichtet werden. Sobald sich renommierte Professoren an Universitäten gegenüber der neuen Arbeitskultur öffnen, indem sie *Open Science* selbst praktizieren oder zumindest honorieren und somit mit gutem Beispiel vorangehen, erhalten Studenten eine neue Orientierungsgrundlage. Indem die Lehrenden die zukünftig in der Wissenschaft Tätigen bereits frühzeitig über neue Publikationsmethoden unterrichten, können sie diesen „die Angst vor der Veränderung" (Probst et al. et al., 2003: 160) nehmen. Ausgehend von Kuhns Feststellung im Hinblick auf die Geschichte der Wissenschaft, in deren Verlauf der „Endeffekt dieser traditionsgebundenen Arbeit stets die Veränderung der Tradition" (Kuhn, 1959: 317f), bestehen derzeit durchaus Chancen für die Umsetzung einer erfolgreichen *Open Science*-Plattform.

Wenn dies gelingt, kann die virtuelle wissensbasierte Kollaboration in der wissenschaftlichen Praxis ihr volles Potential entfalten. Dabei müssen sich mögliche Störungen nicht zwangsläufig negativ auswirken. Vielmehr begünstigt die Beteiligung mehrerer Wissenschaftler mit verschiedenen Erfahrungs- und Kulturhintergründen „kreative Konflikte" und „konstruktive Reibung" (Koch/Tzanakakis, 2011: 30). Diese Diversität in Form des Einbezugs „unterschiedlicher Wissensgebiete" (Surowiecki, 2007: 217) und Sichtweisen kann lebhafte Debatten auslösen, letztlich die Entstehung von neuen Ideen sowie Erkenntnissen fördern und sich motivationssteigernd für die Beteiligten auswirken. Sodann können neben der den Annahmen der Wissenschaftskultur entsprechenden Erlangung von Reputation weitere immaterielle Werte wie „die Möglichkeit, Expertise zu zeigen bzw. sich mit anderen messen zu können" (Gassmann, 2010: 139) an Bedeutung gewinnen. Dies entspricht auch Lévys Ansatz, der besagt, dass „Grundlage und Ziel" kollektiver Intelligenz die „gegenseitige Anerkennung und Bereicherung" (Lévy, 1997: 28f) sind. Sichergestellt werden sollte bei jeglichen *Open Science*-Aktivitäten stets, dass diese einen „privaten Vorteil" (Tapscott/Williams, 2007: 209) implizieren und zugleich dem Kollektiv nutzen. Andernfalls wird es im Sinne einer kollaborativen Kultur nicht gelingen, das Vertrauen der wissenschaftlichen Gemeinde zu erlangen und diese zur Beteiligung zu motivieren. Wissenschaftlichen Wettbewerb wird es auch in Zukunft geben, daher kommt es nun auf die Entwicklung und Gestaltung eines ganzheitlichen Systems an, das die individuellen Bedürfnisse respektiert und technologische Hilfsmittel bereitstellt, die den Anforderungen der Wissenschaftskommunikation entsprechen. Auf dieser Grundlage können Plattformen wie die zuvor skizzierte, im Rahmen derer professionelle kollaborative Wissensgenerierung in Echtzeit stattfindet und zukunftsfähige Forschungsergebnisse hervorgebracht werden können, an Akzeptanz und Einfluss gewinnen. Letztlich geht es darum wie einleitend bereits erwähnt, nachhaltig sicherzustellen, dass es nicht nur zur Wissensteilung kommt, sondern dadurch auch unter Einbezug der kollektiven Intelligenz neue Erkenntnisse gewonnen werden. Dabei kann Lévys Anmerkung - „Macht hat derjenige, der am besten mit Wissen umgehen kann" (1997: 17) - die als Einschränkung bezugnehmend auf Bacons Ansatz (vgl. Kapitel 2.2) interpretiert werden kann, ausdrücklich zugestimmt werden.

6. Abschließende Bemerkung zum weiteren Forschungsbedarf

In der vorliegenden Arbeit wurde gezeigt, dass sich kulturelle Faktoren maßgeblich auf den Erfolg wissensbasierter Kollaborationen im Kontext von Industrie und Wissenschaft auswirken können. Als zentrale Bedingungen einer kollaborativen Kultur wurden zum einen die Berücksichtigung von standardisierten Praktiken und zum anderen die organisatorische Ausrichtung im Sinne einer Teilautonomie identifiziert. Diese spielen bei jeglichen Arten wissensbasierter Kollaboration eine Rolle und sind vor allem im Bereich der Wissenschaft von essentieller Bedeutung.

Um die Ergebnisse dieser Arbeit zukünftig replizieren sowie den Wirkungsgrad kultureller Faktoren gegenüber der Bedeutung anderer Einflüsse[20] noch präziser bestimmen und von diesen abgrenzen zu können, bietet es sich im Rahmen einer weiterführenden Untersuchung an, eine qualitative Forschung durchzuführen. Im Rahmen einer Befragung der an einer Kollaboration beteiligten Akteure können wichtige Erkenntnisse über die jeweiligen Motive für die (Nicht)-Nutzung einer Online-Anwendung gewonnen werden. Auf diese Weise könnte eine aufschlussreiche Nutzertypologie erstellt werden. Der Einbezug von Nutzermeinungen liefert zudem wertvolle Informationen bezüglich der individuellen Erwartungen und Anforderungen der Akteure. Darüber hinaus lassen sich damit auch die einleitend erwähnten spezifischen Einflüsse verschiedener Landeskulturen, die wiederum die jeweilige Arbeitskultur prägen, untersuchen. Weiterer Forschungsbedarf ergibt sich auch hinsichtlich der Überprüfung des nachhaltigen Innovations- und Erkenntniserfolgs wissensbasierter Kollaborationen. Hierbei ist vorab die Auswahl und Bestimmung geeigneter Indikatoren anhand derer sich die jeweiligen Arbeitsergebnisse schließlich wissenschaftlich messen lassen, erforderlich.

Bezüglich der untersuchten wissensbasierten Kollaborationen sollte stets beachtet werden, dass es durchaus auch Anwendungsbereiche gibt, in denen Wissensteilung nicht zwangsläufig einen nachhaltigen und kollektiven Nutzen erfüllt. Die Entscheidung zum Einsatz kollaborativer Wissensgenerierung sollte daher stets wohlüberlegt und zuvor sorgfältig hinsichtlich ihrer Sinnigkeit überprüft werden. Insbesondere in der Wissenschaft und in Bezug auf die *Open Science*-Bewegung (vgl. Kapitel 4.3.2) kann dies be-

---

[20] wie bereits einleitend erwähnt, beispielsweise die technische Ausstattung und sozialpsychologische Faktoren betreffend

deuten, dass die wissensbasierte Kollaboration innerhalb einer wissenschaftlichen Gemeinschaft gar nicht erst zu Stande kommt. Dies ist der Fall, wenn die Beantwortung bestimmter Forschungsfragen aufgrund ihrer Komplexität schlichtweg längere Denkprozesse erfordert, die wiederum zunächst individuell durchdacht werden müssen, bevor es sinnvoll ist, diese im Kollektiv zu teilen. Hier würde sich eine verfrühte Veröffentlichung offener Forschungsdaten eher hinderlich auswirken und den Forschungsfortschritt vielmehr bremsen als beschleunigen. *Open Science* birgt letztlich Risiken, wenn online publizierte naturwissenschaftliche Forschungsprozesse nicht nur von Experten, sondern theoretisch auch von böswilligen Hobbyforschern rezipiert werden können. Hierbei kann beispielsweise die virtuelle Anleitung zur Erschaffung gesundheitsschädlicher Erreger eine ernstzunehmende Gefahr im Sinne des *Biohacking* und -terrorismus darstellen. An dieser Stelle erhalten die bereits erwähnten notwendigen Zugangsbeschränkungen (vgl. Kapitel 5.2) sowie die regelmäßige Überprüfung der an einer Kollaboration Beteiligten hinsichtlich ihrer realen Identität und Profession eine wichtige Bedeutung. Andererseits vermag die *Open Science*-Bewegung, die auf eine maximale Verbreitung wissenschaftlicher Information abzielt, dazu führen, einen Mehrwert zu erreichen, dessen Wirkung sich auch über die Grenzen der wissenschaftlichen Gemeinschaft hinaus entfalten kann. Gerade im Hinblick auf die Früherkennung von Krankheiten kann die virtuelle kollaborative Arbeit im Rahmen offener Forschungsprozesse den Erkenntnisfortschritt maßgeblich beschleunigen, was wiederum bedeutende Folgen für die Identifizierung von Bakterien und Viren hat und letztlich Menschenleben retten kann.

Die in Kapitel 4.2 beschriebenen öffentlichen *Crowdsourcing*-Projekte erreichen ihre Grenze, wenn im Bereich der Wissenschaft von der erfolgreichen kollaborativen Klassifizierung von Galaxien und Schallsignalen im Weltall auf andere wissenschaftliche Disziplinen wie der wesentlich zeitaufwendigeren und komplexeren Medikamentenforschung in der Medizin geschlossen wird. Hierbei muss differenziert werden, inwiefern die Einbindung der Intelligenz einer großen Menge tatsächlich einen verwertbaren Beitrag leisten kann und in welchen Fällen hingegen die jahrelange sorgfältige Überprüfung durch Experten notwendig ist. So liefern insbesondere öffentliche *Crowdsourcing*-Initiativen lediglich eine alternative Lösung, welche das Wissen der Aufgabensteller ergänzt, jedoch nicht ersetzt. In aller Regel reicht der virtuell generierte Erkenntnisgewinn, auf den alle wissensbasierten Kollaborationen abzielen, allein noch nicht aus, um von nachhaltig erfolgreichen Innovationen und Forschungsergebnissen sprechen zu können. Im Bereich der Wissenschaft müssen hierzu weiterhin Experimente von Experten im realen Raum durchgeführt werden, gleichwie bei Unternehmen – auch wenn oftmals die Umsetzung neuer Produktentwicklungen ausgelagert wird - letztlich interne Marketingabteilungen die Markteinführung einer Innovation einleiten.

Anknüpfend an das in Kapitel 5.2 beschriebene Konzept bezüglich einer Online-Plattform für die wissensbasierte Kollaboration innerhalb einer wissenschaftlichen Gemeinschaft sei abschließend darauf hingewiesen, dass derzeit durchaus einzelne vielversprechende Ansätze zu beobachten sind, bei denen *Web 2.0*-Technologien eingesetzt werden, welche die in Kapitel 3.2 bestimmten kulturellen Bedingungen zumindest teilweise berücksichtigen. So versucht beispielsweise *ResearchGate* als soziales Netzwerk für Wissenschaftler seine Nutzer zur Einstellung und kollaborativen Beantwortung von Forschungsfragen anzuregen und stellt dabei zahlreiche soziale Netzwerkdienste[21] zur Verfügung (vgl. Researchgate, 2010: URL). Auf diese Weise erhalten die einzelnen Forscher die Möglichkeit sich bei gleichen Forschungsschwerpunkten für zukünftige gemeinsame Projekte zu verabreden. *Wiki*-Funktionen zur Wissensgenerierung im Sinne der kollaborativen Arbeit an Forschungsprozessen werden nicht angeboten. Eine andere Plattform, *ResearcherID*, zielt darauf ab, der bereits erwähnten Problematik bezüglich der virtuellen Autorenzuordnung, die „digitale Reputation" (Dettmer/Dohmen, 2012) betreffend, entgegenzuwirken. Indem Funktionen bereitgestellt werden, die es den Nutzern ermöglichen, die eigene Zitation in online veröffentlichten wissenschaftlichen Artikeln zu beobachten, reichen die technischen Möglichkeiten der Plattform jedoch noch nicht aus, auch den Arbeitseinsatz bei kollaborativen Forschungsprozessen in Echtzeit überwachen zu lassen (ResearcherID, 2012: URL). Es bleibt somit abzuwarten, inwiefern sich die wissensbasierte Kollaboration unter Wissenschaftlern zukünftig weiterentwickeln und zeitnah ein ganzheitlicher Lösungsansatz, der alle Anforderungen hinsichtlich kultureller Faktoren vereint, angeboten wird. Fest steht, sobald die jeweiligen Akteure ihr Wissen unter Angabe ihrer wahren Identität teilen, kann der Beitrag des Einzelnen honoriert werden. Dies wirkt sich förderlich auf die Motivation aus und schafft zugleich Vertrauen, auf dem jegliche an einer kollaborativen Kultur orientierte wissensbasierte Kollaboration basiert. Zudem wirkt sich diese Maßnahme positiv auf die Qualität sämtlicher im Internet veröffentlichter Forschungserkenntnisse aus. Im weiteren

---

[21] vgl. Kapitel 3.2; 5.2

Sinne wäre demnach künftig sogar die Anerkennung von zitierten *Wikipedia*-Einträgen in wissenschaftlichen Publikationen denkbar.

Insbesondere in Bezug auf wissensbasierte Kollaboration in der Industrie sollte man sich stets über den Wandel der jeweiligen Unternehmenskultur bewusst sein, den die Wissensteilung bzw. die kollaborative Wissensgenerierung im Umkehrschluss impliziert. Hinzu kommt der Aspekt des demografischen Wandels, dessen Auswirkungen jegliche Art der Zusammenarbeit im realen gleichwie im virtuellen Raum betreffen. Es kann davon ausgegangen werden, dass mit diesem - neben dem zunehmendem Einsatz wissensbasierten Kollaborationen - auch andere Veränderungen von Arbeitsprozesse und –formen einhergehen. Institutionen in Industrie und Wissenschaft sind dazu aufgefordert, alternative Möglichkeiten zu finden, um der Verknappung der Ressource Talent entgegenzuwirken. Dies bedarf der langfristigen Offenheit sowie der kontinuierlichen Hinterfragung von Praktiken und Werten, in denen sich die Organisationskultur manifestiert und welche die jeweilige Arbeitsumgebung prägen. Dabei kann dies von den Entscheidern in großen international agierenden Institutionen sicherlich leichter umgesetzt werden als dies bei kleineren Organisationen der Fall ist. Neue Entwicklungen in der Internettechnologie, welche künftig die semantische Nutzung im Sinne des *Web 3.0* ermöglichen, werden den Wandel zudem verstärken. Die dieser Arbeit zugrundeliegenden Fragen behalten dabei ihre Relevanz. Auch zukünftig gilt es zu untersuchen, inwiefern Menschen mit neuen technischen Kommunikationsmöglichkeiten umgehen und diese auch tatsächlich nutzenbringend anwenden, um somit den Erkenntnisfortschritt im jeweiligen Bereich vorantreiben. Zugleich ist im Umkehrschluss zu überprüfen, inwiefern sich der Einsatz von Technologie auf menschliche Verhaltensweisen auswirkt, dieser die offene Einstellung gegenüber dem eigenen Wissen beeinflusst und letztlich zu veränderten kulturellen Praktiken führt.

Literatur

Bacon, F. (1815): The Works of Francis Bacon: Novum Organum Scientiarum. London: M. Jones.

BASE (Bielefeld Academic Search Engine) (2012): Über BASE. URL: http://www.base-search.net/about/de/index.php (Stand 15.07.2012)

Baumann, S. (2002): Mannschaftspsychologie. Methoden und Techniken. Aachen: Meyer und Meyer.

Blättel-Mink, B.: Innovation und Kultur am Beispiel von Crowdsourcing. Herausforderungen für die Innovationsforschung. In: Howaldt, J./ Jacobsen, H. (2010) (Hg.): Soziale Innovation: Auf Dem Weg zu einem postindustriellen Innovationsparadigma. Wiesbaden: Springer VS, (S. 127-142).

Blüschken, J. / Blümm, C. (2000): Zur Rolle von implizitem Wissen im Innovationsprozess. Diskussionsbeiträge der Katholischen Universität Eichstätt [electronic version]. URL: http://www.econbiz.de/archiv/ei/kuei/marketing/ innovation.pdf (Stand: 15.06.2012)

Büffel, S. / Pleil, T. / Schmalz, S. (2007): Net-Wiki, PR-Wiki, KoWiki. Erfahrungen mit kollaborativer Wissensproduktion in Forschung und Lehre [electronic version]. URL:: http://www.soz.uni- frankfurt.de/K.G/ F2_2007_Bueffel_Pleil_Schmalz.pdf (Stand: 15.06.2012)

Buhse, W. / Stamer, S.: Fazit. In: Buhse, W./ Stamer, S. (2008a): Die Kunst loszulassen. Enterprise 2.0. Berlin: Rhombos, (S.243-248).

Buhse, W. / Stamer, S.: Glossar. In: Buhse, W./ Stamer, S. (2008b): Die Kunst loszulassen. Enterprise 2.0. Berlin: Rhombos, (S.249-254).

Centrestage (2010): Einsatzbereiche von Enterprise 2.0 im Unternehmen im Jahr 2010. URL: http://www.horizontstats.de/statistik/daten/studie/163056/umfrage/ einsatzbereiche-von-enterprise-20-in-unternehmen-2010 (Stand: 15.06.2012)

Chua, R./Morris, M. W./ Mor, S. (2011): Collaborating Across Cultures. Cultural Metacognition & Affect-Based Trust in Creative Collaboration. Harvard Business School Working Paper. URL: http://www.hbs.edu/research/pdf/11-127.pdf (Stand: 24.06.2012)

Daimler Blog (2008): Daimler 2.0. URL: http://blog.daimler.de/2008/08/07/daimler-20/ (Stand: 15.06.2012)

De Certeau, M. (1988): Kunst des Handelns. Berlin: Merve.

Dettmer, M. / Dohmen, F. (2012): Frei schwebend in der Wolke. Der Software-Konzern IBM plant eine Radikalreform seiner Belegschaft. Der Spiegel, 6, 62-64.

Döring, N. (2003): Sozialpsychologie des Internet. Die Bedeutung des Internet für Kommunikationsprozesse, Identitäten, soziale Beziehungen und Gruppen. 2. überarb. Auflage. Göttingen: Hogrefe.

Duden - Deutsches Universalwörterbuch (2012) [electronic version]. URL: http://www.duden.de (Stand: 26.06.2012)

Edmonson, S./ Fisher, A./ Brown, G. (2002): Creating a Collaborative Culture. Journal of the National School Development Council. Vol. 31, 3, 9-12

Erickson, T. J. / Gratton, L. (2007): Eight Ways to Build Collaborative Teams. Harvard Business Review, 11, 1-11

Fastenrath, H. (1995): Kurswissen Sozialethik. Wirtschaft, Ökologie, Familie. Stuttgart: Klett Verlag für Wissen und Bildung

Foucault, M. (1978): Dispositive der Macht. Über Sexualität, Wissen und Wahrheit. Berlin: Merve.

Foucault, M. (1972): Theorien und Institutionen des Strafvollzugs. In: Defert, D./ Ewald, F. (Hg.) (2005): Analytik der Macht. Frankfurt am Main: Suhrkamp, (S. 64-68).

Galton, F. (1907): Vox Populi [electronic version]. URL: http://galton.org/cgi-bin/searchImages/galton/search/essays/pages/galton-1907-vox-populi_1.htm (Stand: 19.06.2012)

Galaxy Zoo: Published Papers. URL: http://www.galaxyzoo.org/published_papers (Stand; 15.07.2012)

Garmston, R. J. (2007): Collaborative Culture. JSD Learning Forward's Journal. Vol. 28, 4, 69-70.

Gassmann, O. (2010): Crowdsourcing. Innovationsmanagement mit Schwarmintelligenz. München: Carl Hanser.

Gassmann, O./ Friesike, S. (2012): 33 Erfolgsprinzipien der Innovation. München: Carl Hanser.

Grant Thornton (2009): Innovation. The Key to Future Success. URL: http://www.gtfk.co.il/fileadmin/publications/Accounting/Innovation_-_Western_Europe_focus_Sep_09.pdf (Stand: 20.06.2012)

Hansen, K.P. (2000): Kultur und Kulturwissenschaft. Eine Einführung. 2. Überarb. Aufl. Tübingen: A. Francke.

Harss, C./ Hofstede, G. (2010): Sollbruchstellen und Brücken im internationalen Unternehmen. Ein Gespräch zwischen Prof. Geert Hofstede und Dr. Claudia Harss. OrganisationsEntwicklung -Zeitschrift für Unternehmensentwicklung und Change Management, 3, 12-21.

Heimburg, J. v.: Erfolgreiche Innovationstätigkeit im Unternehmen. Wie beeinflusst die Unternehmenskultur den Innovationsprozess? In: Frank, A. / Höfer, S. (Hg.) (2011): Interaktive Wertschöpfung. Neue Innovationsmodelle zwischen Wirtschaft und Wissenschaft. Essen: Edition Stifterverband, (S. 20-25).

Hertel, G. / Scholl, W. (2006): Grundlagen der Gruppenarbeit in Organisationen. URL: http://plone.psychologie.hu-berlin.de/prof/org/download/Schollgrundl06/at_download/

Hofstede, G. (1993): Interkulturelle Zusammenarbeit. Kulturen - Organisationen - Management. Wiesbaden: Gabler

Hofstede, G./ Hofstede G. H. / Minkov, M. (2010): Cultures and Organizations. Software of the Mind. Intercultural Cooperation and its Importance for Survival. 3. überarb. Aufl. New York: Mcgraw-Hill Professional.

Höher, F./ Koall, I. (2002): Vielfalt als Leitkultur. Kulturentwicklung durch Managing Diversity [electronic version]. URL: http://friederike-hoeher.de/wp-content/uploads/2011/07/DiversityManagement1.pdf (Stand 30.05.2012)

Höppner, U. (2010): Who owns knowledge? Preliminary theoretical thoughts on the collaborative production of knowledge. Paper presented at the PSA 2010 Annual Conference. URL: http://www.psa.ac.uk/journals/pdf/5/2010/1204_1083.pdf (Stand: 15.07.2012)

Kant, I. (1790): Der Kritik der Urteilskraft zweiter Teil. Kritik der teleologischen Urteilskraft. In: Weischedel., W. (Hg.) (1990): Kritik der Urteilskraft. Immanuel Kant Werkausgabe in 12 Bänden. Bd. 10. 11. Aufl. Frankfurt: Suhrkamp, (S. 304-456).

Kant, I. (1784): Idee zu einer allgemeinen Geschichte in weltbürgerlicher Absicht. In: Herder, J. G. (1914): Ideen zur Philosophie der Geschichte der Menschheit. Berlin: Deutsche Bibliothek, (S. 321-338).

Koch, B./ Tzanakakis, J. D. (2011): Mehr Meinungen gleich mehr Meisterweke. Heterogene Teams beweisen mehr Kreativität als homogene, sie denken vielschichtiger und kommen zu besseren Lösungen. HR Today - Das Schweizer Human Resource Management-Journal, 6, 28-30

Koch, M./ Richter, A. (2009): Enterprise 2.0. Planung, Einführung und erfolgreicher Einsatz von Social Software in Unternehmen. 2. überarb. Aufl. München: Oldenbourg

Krejci, G. P. (2010): Teams als Entwicklungsmotor der Unternehmenskultur, Im Team Veränderung gestalten. OrganisationsEntwicklung - Zeitschrift für Unternehmensentwicklung und Change Management, 3, 4-11.

Kuhlen, R. (2003): Change of Paradigm in Knowledge Management - Framework for the Collaborative Production and Exchange of Knowledge [electronic version]. URL: http://www.kuhlen.name/MATERIALIEN/Vortraege03-Web/rk_ifla03_for_publ300803.pdf (Stand 20.06.2012)

Kuhlen, R. (2004a): Informationsethik. Umgang mit Wissen und Informationen in elektronischen Räumen. Konstanz: UVK.

Kuhlen, R. (2006): Potenziale einer politischen Kollaborationskultur [electronic version]. URL: http://www.kuhlen.name/MATERIALIEN/Publikationen2007/potenziale-kollaborationskultur-RK-in-Leggewie2007.pdf (Stand: 20.06.2012)

Kuhlen, R.: Kollaboratives Schreiben. In: Bieber, C./ Leggewie, C. (Hg.) (2004b): Interaktivität. Ein transdisziplinärer Schlüsselbegriff. Frankfurt: Campus, (S. 216-239)

Kuhn, T. S. (1959): Die grundlegende Spannung. Tradition und Neuerung in der wissenschaftlichen Forschung. In: Krüger, L. (1992) (Hg.): Die Entstehung des Neuen. Studien zur Struktur der Wissenschaftsgeschichte. 4. Aufl. Frankfurt am Main: Suhrkamp, (S. 308-326).

Kuhn, T. S. (1974): Neue Überlegungen zum Begriff des Paradigma. In: Krüger, L. (1992) (Hg.): Die Entstehung des Neuen. Studien zur Struktur der Wissenschaftsgeschichte. 4. Aufl. Frankfurt am Main: Suhrkamp, (S. 389-421).

Kuhn, T. S. (1990): Die Struktur wissenschaftlicher Revolutionen. 10. Aufl. Frankfurt am Main: Suhrkamp.

Le Bon, G. (1922): Psychologie der Massen. Stuttgart: Alfred Kröner.

Lévy, P. (1997): Die kollektive Intelligenz. Für eine Anthropologie des Cyberspace. Mannheim: Bollmann

McAffee, A.: Eine Definition von Enterprise 2.0. In: Buhse, W./ Stamer, S. (2008): Die Kunst loszulassen. Enterprise 2.0. Berlin: Rhombos, (S.17-36).

Mohr, G./ Willaschek, M.: Einleitung. Kants Kritik der reinen Vernunft. In: Mohr, G./ Willaschek, M. (Hg.) (1998): Immanuel Kant, Kritik der reinen Vernunft. Berlin: Akademie, (S. 5-36).

Monse, K./ Weyer, J. (1999): Nutzerorientierung als Strategie der Kontextualisierung technischer Innovationen. Das Beispiel elektronischer Informationssysteme. In: Sauer, D./ Lang, C. (Hg.): Paradoxien der Innovation. Perspektiven sozialwissenschaftlicher Innovationsforschung. Frankfurt: Campus, (S. 97-118).

Murphie, A./ Potts, J. (2003): Culture and Technology. New York: Palgrave Macmillan.

Nielsen, Michael (2012): Reinventing Discovery. The New Era of Networked Science. Princeton: Princeton University Press.

Nietzsche, F. W. (1900): Jenseits von Gut und Böse. Vorspiel einer Philosophie der Zukunft. Leipzig: Raumann.

O'Reilly, T. (2005): Was ist Web 2.0? Entwurfsmuster und Geschäftsmodelle für die nächste Software Generation. URL: http://www.oreilly.de/artikel/web20_trans.html (Stand: 20.06.2012)

Oxford English Dictionary (2012) [electronic version]. URL: http://www.oed.com/ (Stand 10.06.2012)

Polanyi, Michael (1985): Implizites Wissen. Frankfurt am Main: Suhrkamp.

Probst, G./ Raub, S./ Romhardt, K. (2003): Wissen managen. Wie Unternehmen ihre wertvollste Ressource optimal nutzen. 4. überarb. Aufl. Wiesbaden: Gabler.

Proplanta (2011): NABU und LBV: Bundesweit immer weniger Amseln. URL: http://www.proplanta.de/Agrar-Nachrichten/Umwelt/NABU-und-LBV-Bundesweit-immer-weniger-Amseln_article1307036847.html (Stand: 10.07.2012)

Reichwald, R./ Piller, F. (2006): Interaktive Wertschöpfung. Open Innovation, Individualisierung und neue Formen der Arbeitsteilung. Wiesbaden: Gabler.

ResearcherID (2012). http://www.researcherid.com/ (Stand: 12.07.2012)

ResearchGate (2012). URL: https://www.researchgate.net/ (Stand: 12.07.2012)

Rheingold, H. (2002): Smart Mobs. The Next Social Revolution. Cambridge: Basic Books.

Schildhauer, T. (2010): Innovationen [electronic version]. Vortrag vom 12. März 2010 an der Universität der Künste Berlin. Online verfügbar unter URL: http://www.ieb.net/forschung/vortraege/vortraege-und-konferenzen-2010/ (Stand: 23.06.2012)

Schleidt, D. (2011): Modewort oder Pflichtthema. Das Für und Wider von Open Innovation. Innovationsmanager Magazin für Innovationskultur und nachhaltigen Unternehmenserfolg, 1, 8-10.

Sci-Mate (2012). URL: http://www.sci-mate.org/ (Stand: 12.07.2012)

SETI Live (2012): The Allen Telescope Array. URL: http://www.setilive.org/ (Stand: 16.06.2012)

SETI Quest Wiki (2012). URL: http://setiquest.org/wiki/index.php/SETI_Live (Stand: 16.06.2012)

Starbucks Corporation: My Starbucks Idea (2012).
URL: http://mystarbucksidea.force.com/ (Stand 15.06.2012)

Surowiecki, J. (2007): Die Weisheit der Vielen. 2. Aufl. München: Goldmann.

Tapscott, D./ Williams, A. D. (2007): Wikinomics. Die Revolution im Netz. München: Carl Hanser.

Täubner, M. (2010): Der verborgene Schatz. Brand1, 11, 54-59.

Thagard, P. (1997): Collaborative Knowledge [electronic version]. URL: http://cogsci.uwaterloo.ca/Articles/Pages/Collab.html (Stand: 25.06.2012)

Wikipedia (2012): Statistik. URL: http://de.wikipedia.org/wiki/Spezial:Statistik (Stand: 19.07.2012)

Zimbardo, P. G.: Psychologie. In: Hoppe-Graf, S./ Keller, B. (1992) (Hg.): Psychologie. 5. überarb. Aufl. Berlin: Springer.

Zooniverse (2012). URL: https://www.zooniverse.org/ (Stand: 15.06.2012)